JN032746

M&A Booklet

BDD
を知る

ビジネスDDの全体像と設計

ビジネス・デューデリジェンス 個別編 I

PwCアドバイザリー合同会社〔編〕

中央経済社

M&Aブックレットシリーズについて

　私は約30年間M&Aの世界に身を置いている。

　この間、国内外のさまざまな企業による多くの実例が積み上がり、今では連日のようにM&Aに関連する報道が飛び交っている。一方で、「M&Aってどんなこと？」と敷居の高さを感じる方も多いのではないだろうか。

　本シリーズはこの現状に一石を投じ、学生や新社会人からM&A業務の担当者、さらにアドバイスする側の専門家など、M&Aに関心のあるすべての方々にご活用いただくことを念頭に、「M&Aの民主化」を試みるものである。

　本シリーズの特徴は、第一に、読者が最も関心のある事項に取り組みやすいよう各巻を100ページ前後の分量に「小分け」にして、M&A全般を網羅している。第二に、理解度や経験値に応じて活用できるよう、概論・初級・中級・上級というレベル分けを施した。第三に、多岐にわたるM&Aのトピックを、プロセスの段階や深度、また対象国別など、テーマごとに1冊で完結させた。そして、この "レベル感" と "テーマ" をそれぞれ縦軸と横軸として、必要なテーマに簡単にたどり着けるよう工夫をこらしてある。

　本シリーズには、足掛け5年という構想と企画の時間を費やした。発刊に漕ぎ着けたのは、ひとえに事務局メンバーの岩崎敦さん、高橋正幸さん、平井涼真さんのご尽力あってこそである。加えて、構想段階から "同志" としてお付き合いいただいた中央経済社の杉原茂樹さんと和田豊さんには、厚く御礼申し上げる。

　本シリーズがM&Aに取り組むさまざまな方々のお手元に届き、その課題解決の一助になることを願ってやまない。

シリーズ監修者　福谷尚久

はじめに

　ビジネス・デューデリジェンス（ビジネスDD）とは何か？　皆さまはきっとそういう想いで本書を手に取っているのではないか、と想像している。ビジネスDDとは、概念的にいうと「M&Aにおいて経営や事業の観点から対象会社や対象事業の特徴（強みや課題）を精査し、自社とのシナジーがどの程度あるかを見極めること」である。しかしながら、実際にビジネスDDを実施したことがある人以外で、この概念的な一言で「ビジネスDDとはこういうことだ」と理解できる人はなかなかいないと想像する。本書は、ある意味 "わかりにくい" ビジネスDDの全体像を解説し、基本的な実施内容や意味合いを理解していただくことを目的としている。

　通常、M&Aの買い手は、投資対象企業や事業の実態や潜在的な機会・リスクなどを把握するために、いくつかの視点でのデューデリジェンス（「DD」）を実施する。財務、税務、法務といった視点でのDDは、基本的にすべてのM&A案件で実施される。一方で、ビジネスDDは、これまで実施されない場合も見られた。特に、同業他社や自社で行っている事業と同じような事業を対象としたM&Aに関しては、内容を自社がよく知っているということで、実施されない場合が多かったように思われる。

　しかしながら、近年はビジネスDDも一般化してきている。背景には、「M&Aの成果が当初の想定ほど出ていない」との感想の多さがあるのではないか。買収した会社の業績に関する日本企業へのヒアリング調査結果[1]によれば、約３割超が買収当時の計画を下回り、のれんの減損も計上している。その原因はPMI（買収後の統合作業）[2]に課題があるとされており、約７割の企業が買収価格に織り込まれたシナジーの実現に課題を抱えている（**図表０-１**および**図表０-２**参照）。これは、M&Aにおいて、シナジーを実現するビジネス面からの検証が十分ではなかったことを示唆しているのではないか。

　M&Aでは、経営や事業に関する重要な論点をビジネスDDで抽出する。具体的には、①対象会社や対象事業の市場環境や今後の見通し、②対象会社の事業実態、③競合他社と比較した相対的な優位性の有無、④自社戦略との親和性とシナジー、

1　「M&A実態調査2019　クロスボーダーM&Aにおけるシナジーの発現に向けて」（PwCアドバイザリー合同会社）
2　M&A実行後における新体制下に入った対象会社の統合プロセスをいう。ビジネスDDにおいて発見されたシナジー創出の施策を具体的に実現していくプロセスでもあり、統合直後から開始する100日プランをあらかじめ策定し、実行に移す段階である。

図表0-1：国内企業のM&Aの成否

直近に買収した対象会社の業績 対計画比

- 12% 買収当時の計画を上回って推移している
- 52% おおよそ買収当時の計画どおりに推移している
- **計画を下回る結果に**
- 36% 買収当時の計画を下回って推移している

当該案件ののれんの減損（見込みを含む）

- 65% のれんの減損処理を行っていない、（もしくは）行う見込みがない
- **のれんの減損を実行（見込みを含む）価値を喪失している**
- 35% のれんの減損処理を行った（もしくは）行う見込みがある

図表0-2：M&Aにおけるシナジーの重要性

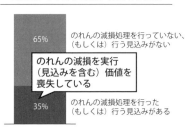

買収価格にシナジーを見込んでいる企業の割合

76%

80%弱の企業が、シナジーを
見込んで買収価格を決定している

シナジー施策が未達の企業の割合

コスト削減シナジー　　売上増加シナジー

68%・63%

60%超の企業は、シナジー施策を
あまり達成できていない

などである。これらの論点を検証することなしに、買収対象企業や事業の計画を適切に評価し、シナジーを適切に見込むことは難しい。

　では、ビジネスDDで抽出された論点はどのように活用されるのか。アウトプットの反映先という意味では、**図表0-3**のとおり、「企業価値の算定」「契約でのリスクヘッジ」「統合プランの先行検討」の大きく3つの活用先があげられる。

　このような活用が期待されるビジネスDDであるからこそ、他のDDとは大きく異なる2つの特徴を有している。

　1つ目は、「分析の視点」が異なるという点である。財務や法務、税務をはじめとする他のDDは、一般に「対象会社の現在の状況」をできる限り正しく把握するため、「過去から現在」の実績の情報を用いて分析を行うことになる。今後のリスクや課題等への言及もされるが、その主たる目的は、買い手にとってM&Aを通じて達成したい目的の阻害要因となり得るリスクがないか、対象の実績をもとに調査することである。一方、ビジネスDDにおいては、対象会社のみならず、それを取り巻く「外部環境」をも踏まえながら、「将来的な見通し」を見るという点で他のDDと大きく異なっている（**図表0-4**参照）。

図表0-3：ビジネスDDのアウトプット目的

「企業価値算定」の算定根拠の提示
- ・ビジネスモデルや事業の収益性・将来性の分析を通じて、修正事業計画とM&Aによる価値創出（シナジー）を策定・検討
⇒上記を1つのインプットとして、Valuationにて企業価値を算定

最終契約でのリスクヘッジ
- ・対象会社の事業継続性や発展に対するリスク項目（コア技術の流出、取引先の撤退等）を抽出
⇒最終契約の論点に反映し、リスク顕在化時の特別保証や防止策を交渉

統合プラン具体化による投資目的実現への寄与
- ・対象会社の理解および買い手の戦略目的を踏まえ、投資後のアクションプランを具体化
⇒統合プランの先行的な検討により、M&A目的の実現に貢献

図表0-4：分析の視点の違い

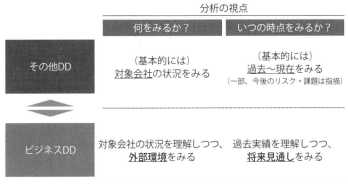

	分析の視点	
	何をみるか？	いつの時点をみるか？
その他DD	（基本的には）対象会社の状況をみる	（基本的には）過去〜現在をみる（一部、今後のリスク・課題は指摘）
ビジネスDD	対象会社の状況を理解しつつ、**外部環境**をみる	過去実績を理解しつつ、**将来見通し**をみる

外部環境もみる／将来をみるという点が他のDDとは異なる

　2つ目は、「他DDとの連関性」を示すことが強く求められるという点である。先述のとおり、ビジネスDDは、そのアウトプットを企業価値の算定や契約への反映を通じたリスクヘッジ、統合後のアクション具体化などに活用することになる。しかし、ビジネスDDに向けたインプットにおいても、M&A戦略の実現可能性を把握するための論点設計や、他のDDのアウトプットの取り込みなどが行われる。これを通じて、戦略合致性の判断や、より蓋然性のある将来像の検討がなされるのである。そのため、ビジネスDDはM&A検討の各論点とコラボレーションし、全体観を捕捉することが重要になっている（**図表0-5**参照）。

図表0-5：分析・判断のHubとなるビジネスDD

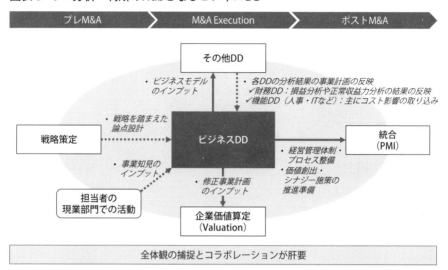

このように、ビジネスDDがM&Aの検討プロセスにおいて果たす役割は、対象となる企業・事業のビジネス機会やリスクファクターを検知するという単純な「Fact Finding」ではなく、M&A後の将来図を強く見据えたビジネスジャッジに他ならない。そのため、DDで一般に期待される第三者的な監査でなく、将来のシナリオをマネジメント層とともに想像し、M&AあるいはM&A後の意思決定の結論につなげることが期待されるのである。

　本「ビジネス・デューデリジェンス個別編シリーズ」（以下、「BDD個別編シリーズ」という）では、本書でビジネスDDの全体像と基本的な進め方を解説したうえで、続編にてより具体的なビジネスDDの実施内容や実際の分析手法などを解説する。なるべく専門的な語彙は避け、初級者や学生の方でもビジネスDDへの理解を深められる内容としている。

　「BDD個別編シリーズ」は4分冊で構成され、ビジネスDDの概論から個別トピックへと段階的に展開しているものの、順番に読み進めても、関心に応じて個別トピックを手に取ってもよいよう執筆に努めた。

「ビジネス・デューデリジェンス個別編シリーズ」の概要

Ⅰ BDDを知る ビジネスDDの全体像と設計

第1編 ビジネス・デューデリジェンスの全体像

ビジネスDDの本質について概観し、全体的な進め方を概説する

第2編 ビジネス・デューデリジェンスの設計

ビジネスDDにおける計画策定から対象会社の実態把握、価値創出・向上策の検討に至る一連の流れについて、分析・検証における実施内容やポイントについて概説する

Ⅱ BDDを進める 実態把握とM&Aでの活用

第1編 対象会社の実態把握―事業構造分析・業績構造分析

買収対象会社が属する市場動向や将来トレンド、業界における競争構造等を把握するための事業構造分析と対象会社自身の事業構造について、事業別・製品別・顧客別・拠点別および機能別等の視点から捉える業績構造分析について概説する

第2編 修正事業計画策定とデューデリジェンスの活用

事業構造分析・業界構造分析の結果を用いて買収対象会社の事業計画の妥当性を検証し、修正事業計画策定を検討するための方法や各種分析結果の活用方法について概説する

Ⅲ BDDを磨く シナジー検討とビジネスDD技法

第1編 シナジー分析とアクションプラン策定

買収・出資後に期待される買い手と対象会社間におけるシナジーや、その実現に向けたアクションプランの策定について概説する

第2編 ビジネス・デューデリジェンスの技法

一連のビジネス・デューデリジェンス作業を進めるうえでの情報収集のテクニックや、成果物としての表現手法などの基本的技法を紹介する

Ⅳ BDDを活かす 各種DDとの連携と応用

第1編　財務・税務・法務・機能デューデリジェンスとの連携

ビジネスDDと同時に実施される財務・税務・法務などの各DDや、各種の機能DD（人事・ITなど）とのデューデリジェンス間の連携について概説する

第2編　ビジネス・デューデリジェンスの応用・派生

ビジネスDDの変形と応用例や属する業界によって異なるビジネスDDの主要論点について概説し、近年多様化する派生型のデューデリジェンスについても紹介する

　本シリーズで取り扱うトピックの連関性と、ビジネスDDの実務上の時系列は**図表0-6**のとおりであり、本書では❶と❷をカバーする。具体的には、シリーズの導入としてビジネスDDの全体像を概説したうえで、ビジネスDDの実施計画の策定方法や作業ステップ、準備にかかる留意点について詳述する。

　こうしたトピックがビジネスDDのどの部分に位置づけられるか、現在位置を確認しながら読み進められれば、全体的な理解を得やすいだろう。

図表0-6：ビジネス・デューデリジェンスの全体像と本書の位置づけ

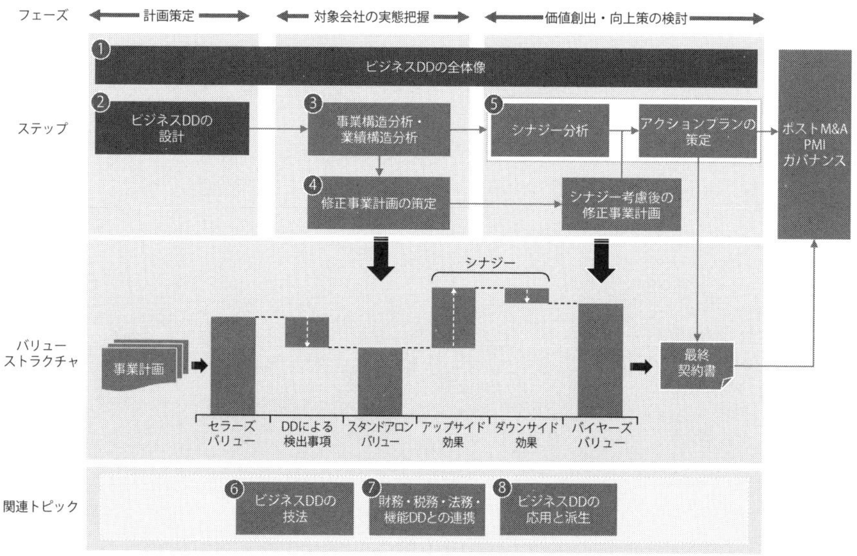

目次

第2編　ビジネス・デューデリジェンスの設計

第3章　ビジネス・デューデリジェンスのステップ（詳細）

第4章　ビジネス・デューデリジェンスの計画策定／進め方

第 1 編

ビジネス・デューデリジェンスの全体像

第 **1** 章

ビジネス・デューデリジェンスの全体ステップ（概要）

1 ビジネスDDの3つのステップ

　まず本章では、ビジネスDDの概観を把握いただき、本書および本書以降の内容理解のためにイメージを持っていただくべく、ビジネスDDを進めるうえでの計画策定から、対象会社の実態把握、価値創出・向上策の検討といった3つの大きな流れ（フェーズ）に触れたい。なお、各ステップの具体的な内容については、第3章にて詳述する。

①ビジネスDDの計画策定

　ビジネスDDを開始するにあたり、ビジネスDDの全体設計をする必要がある。まずは、ビジネスDDを実施する目的や最終的な目標を定めることから始まる。対象会社を深く知ることは大事であるが、分析自体が目的化することは避け、M&A取引の意思決定のためのDDに何が必要であるか意識することが肝要である。

　次に、ビジネスDDの目的・目標を実現するために必要な分析を過不足なくカバーすべく、調査範囲を定義する。ここの時点で、対象とする事業や製品、地域など、またその分析粒度までをも明確にする必要がある。特に、対象会社が多数の事業や製品を有する場合、すべてを同じ粒度で分析することは効率的ではなく、意思決定に必要な分析が何かを踏まえた調査範囲の設定が必要だ。そのうえで、最終成果物の作成に向けた具体的なマイルストーンも設定する。関係者の定期的な打合せやマネジメントインタビュー、サイトビジットなどのイベント実施のタイミングもこの段階で想定しておくと後がスムーズである。また、マイルストーンの設定と併せ、実施体制の構築も進めていく。ビジネスDDの業務は、通常、1〜2カ月程度で完了するため、限られた時間軸の中で成果物の方向性を定めながら、逆算して全体の作業工程を見定め、適切な体制の構築をしていく。

　対象会社の実態把握に進む前に、簡便なデスクトップ調査等を行い、ビジネスDDにおける主要な論点の検討と、それに対する初期的な仮説を持つことが極めて大事である。

②対象会社の実態把握

　ビジネスDDの実施計画に沿って、対象会社の実態把握に向けた情報収集・分

析作業を行う。具体的には、例えば、以下のような視点から分析・考察を行う。

- 対象会社が属する市場特性や将来トレンド、競争環境はどのような状況か
- 顧客ニーズやその変化に対してどのような企業が応えているか
- 対象会社は競合企業との対比において、競争優位性を有するか/有さないか
- また、対象会社の競争優位性を構成する強みは何であるか

これら視点を念頭に、事業構造分析や業績構造分析を実施する。

まず、事業構造分析では、対象会社が収益を生む源泉とするビジネスの「仕組み」を分析する。対象企業の競争優位（劣位）を把握し、競争優位が持続可能かどうかまで理解することにより、当該事業の将来性を見極める。具体的な分析手法としては、マクロ環境分析、市場動向分析、競争環境分析、ビジネスプロセス分析およびビジネスインフラ分析の5つがある。

ビジネスの「仕組み」に焦点を当てるものが事業構造分析であるのに対して、業績構造分析は、対象会社の課題や改善余地などを把握するものである。そのために、対象会社の企業活動の結果を、事業・製品・顧客・拠点・機能組織などの軸から分解して分析する。具体的な手法として、時系列分析と競合ベンチマーク分析の2つがある。

これらの分析成果を踏まえて、修正事業計画に反映していく。ビジネスDDの検証事項から、対象会社（売り手）の事業計画の前提や数値設定の論拠が十分でない場合、当該計画に修正を施すことになる。必ずしも、対象会社提示の事業計画をベースとせず、買い手が一から事業計画を策定する場合もある。この結果、対象会社の単独（スタンドアロン[3]）での「将来生み出す価値」として、スタンドアロンバリューが定量化される。

なお、事業構造分析と業績構造分析、修正事業計画は、［BDD個別編シリーズⅡ　BDDを進める 実態把握とM&Aでの活用］にて詳述していく。

③価値創出・向上策の検討

上記のスタンドアロンバリューを踏まえ、買い手と対象会社の連携から創出されるシナジーを検証し、アップサイド効果とダウンサイド効果（ディスシナジー）

3　M&Aにおける買収対象会社の事業が、買収後の形態を想定せずに事業体として独立した状態であることをいう。

も含めて把握し、定量化する。シナジー施策の中でも、即効性が期待されるもの（Quick Hits[4]）や中長期の時間軸が必要とされるものは、定量化の過程で明確にする。シナジーが実現する可能性の観点からも、それぞれの施策を蓋然性の多寡にあわせて検証することが大事である。こうした検証を踏まえ、買収後のPMIにおける具体的なアクションプランにまで落とし込まれることが理想的である。

このシナジー分析およびアクションプラン策定については、［BDD個別編シリーズⅢ　BDDを磨く シナジー検討とビジネスDD技法］にて詳述する。

2　ビジネスDDのステップとバリューストラクチャの関係

上記で紹介したヒジネスDDの３つのフェーズは、後述する「バリューストラクチャ」と密接な関係にある（**図表１‑１**参照）。

２つ目の「対象会社の実態把握」の結果が「バリューストラクチャ」におけるスタンドアロンバリューに該当する。また、３つ目の「価値創出・向上策の検討」の結果はバイヤーズバリューに反映される構造となる。

このように、ビジネスDDにおける分析ステップのうち、定量化可能な成果のすべては、対象会社のバリューストラクチャと紐づいているといえる。換言すれば、実態解明やシナジーの検証は、対象会社の企業価値の構造解明を果たしているともいえよう。バリューストラクチャについては、第２章にて詳述する。

4　買い手による対象会社の買収の後、速やかに実現されるシナジーやその施策をいう。

図表1-1：ビジネスデューデリジェンスの全体マップ

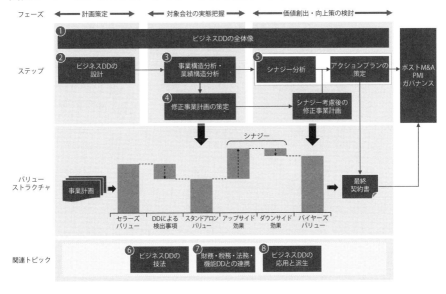

第 **2** 章

ビジネス・デューデリジェンスの本質

ビジネスDDの具体的な分析作業に入る前に、本章では
"ビジネスDD"の本質とは何かについて考えてみたい。

1 ビジネスDD実施の目的

ビジネスDDは、買い手が以下を目的として実施する。ここで大事なのは、分析をしっかりと行うことに加えて、「わかることと、わからないことを明確にする」ことである。わからないことが何かを明確にすることで、リスクを把握でき、リスクが顕在化した際の対応策も事前に考えることができる。

- 対象会社の経営実態を把握し、事業の将来性を見極める
- 買い手側がもたらすシナジーを加味して、実現が可能な「対象会社が将来生み出す価値」＝「対象会社の価値」を把握する
- その結果、対象会社の買収価格がいくらまでなら経済合理性が成り立つか判断する

2 ビジネスDDと因果マトリックス

ビジネスDDの目的の1つは「経営実態の把握と事業の将来性の見極め」であるが、企業価値を創出する源泉（キードライバー）は、会社によって異なる。効率的・効果的にビジネスDDを実施するためには、対象会社の「将来生み出す価値とその仕組み」の検証・分析を行うが、これについて以下の「因果マトリックス」を用いて説明する。

（1）因果マトリックスとは

因果マトリックスとは、**図表2-1**のとおり、縦軸の上側を "これまで＝過去から現在まで"、下側を "これから＝将来" とし、横軸は、左側を原因の "因"、右側を結果の "果" として、マトリックス化したものである。

これまでに生み出した価値

過去の経営の成果である財務諸表は極めて重要な情報源であるため、これは右上の「Ⅰ．これまでに生み出した価値」に位置する。しかし、本当に知りたいのは、右下の「Ⅳ．企業が将来生み出す価値」だ。買い手は将来の収益を見越して買収するのだから、もし将来価値がないことが判明すれば、その会社を買収しない選択肢も検討すべきである。

図表 2-1：因果マトリックス

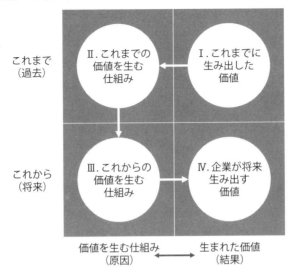

これまで（過去）

- Ⅱ. これまでの価値を生む仕組み
- Ⅰ. これまでに生み出した価値

これから（将来）

- Ⅲ. これからの価値を生む仕組み
- Ⅳ. 企業が将来生み出す価値

価値を生む仕組み（原因）　⟷　生まれた価値（結果）

企業が将来生み出す価値

　「Ⅳ. 企業が将来生み出す価値」は、財務諸表上の数字を見ただけではわからない。これを知るためには、まず「Ⅱ. これまでの価値を生む仕組み」の実態を知り、それが将来どのように変遷して「Ⅲ. これからの価値を生む仕組み」となるのか、考察しなければならない。

　「これまでの価値」とは、会社の発展に根づくDNAや会社を取り巻く外部環境との関係性、社員や経営者等の人的資源、組織体制や顧客基盤、仕入先の状況など、その企業特有のビジネスモデルが有効に働くことで競争市場において一定の地位を築くことができること、すなわちマーケットで評価されることそのものである。それが今後どのように変化し、事業計画に反映され、買い手が新たな株主・経営者として入ることにより事業がどのように改善するのか、また経営のテコ入れ（投資）によるバリューアップ[5]の有無、事業統合によるシナジーの大きさなどを、ビジネスDDの中で「これからの価値」として洞察するのである。

5　M&A後の戦略転換やオペレーションの改善を行うことにより、企業価値の向上を目指すこと。

（2）ビジネスDDと財務DDの作業領域

　図表2-2は、図表2-1に対し、ビジネスDDと財務DDの作業領域を示したものである。ビジネスDDとその他のDDとの連携は［BDD個別編シリーズⅣ　BDDを活かす 各種DDとの連携と応用］で詳述するため、ここではビジネスDDと財務DDの作業領域の違いを解説する。

　財務諸表が経営実態を正しく反映しているかどうかの調査は財務DDの作業領域で実施され、修正された実態ベースの財務諸表はバリュエーション[6]実施の際の基礎情報となる。一方、ビジネスDDは、財務DDの結果から、対象会社はなぜ収益を計上できているのか／いないのか分析し、今後の変化を洞察する。

　つまり、図表2-2においてビジネスDDは、「Ⅰ．これまでに生み出した価値」から「Ⅱ．これまでの価値を生む仕組み」を見通し、「Ⅲ．これからの価値を生む仕組み」を予想し、その結果に基づき「Ⅳ．企業が将来生み出す価値」を定量化する。これがバリュエーションにつながるのである。

図表2-2：ビジネスDDと財務DD

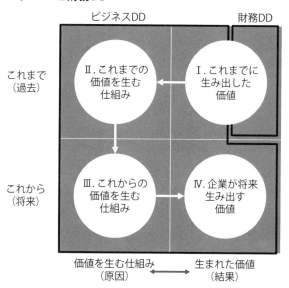

6　企業価値の評価、およびその評価額をさす。

3　ビジネスDDの出発点となる事業計画

　対象会社の事業計画は、ビジネスDDやバリュエーションの出発点となるため極めて重要なものであり、ここでは売上、費用等の数値の集合体ではなく、対象会社の「将来戦略」も含んだ広義のものを指す。また「将来戦略」は、市場動向の見通し、競合会社との競争方針や内部オペレーションの効率化など、将来の戦略的な計画を意味する。

　ビジネスDDでは、まず対象会社の「将来戦略」が現実的かどうか、すなわち蓋然性を検証し、次に具体的な数値（売上、コスト等）として適切に落とし込まれているか確認するという二段階で慎重に精査する。事業計画の数値に基づいて、DCF法[7]等により企業価値が算定され、買収価格に直接的に影響を及ぼすからである。事業計画の売上や利益次第では、企業価値が過大となり、本来の価値よりも高くなるおそれがあるため、まずは「当該事業計画がいつ、誰により、どのような環境のもとで作成されたか」の確認が肝要だ。以下、事業計画が策定されるいくつかのシーンに分けて、違いを示す。

（1）強気な事業計画

　図表2-3は、買収対象会社の経営者について、横軸に「M&A取引"前"の経営への関与度合い」を、縦軸に「M&A取引"後"の経営への関与度合い」を示した図である。

　右下の「高くプライシングする誘引が大」は、売り手（対象会社の経営者、所有者）が売却後に経営から引退する状況を想定する。このケースでは、売り手は高値で売却しキャピタルゲイン[8]を得ることを目指すため、事業計画を強めに策定しがちである。「強気な事業計画」とは、実現が難しい、積極的すぎる性質のもので、買い手は、強気すぎる計画を現実的なものに差し替えるよう要請することがある。しかし、ほとんどの場合、「会社として機関決定されている」という理由で変更されない。

7　DCF法（Discounted Cash Flow法）は、継続企業を前提とした収益力に基づいた価値算定方法であり、フリー・キャッシュフローを適切な割引率によって現在価値に還元評価する方法をいう。
8　株式などの有価証券や、土地等の資産の価格変動にともない、一時的に得ることのできる利益（株式や債券等の売却益など）をいう。

図表 2-3：対象会社の経営者の位置づけ

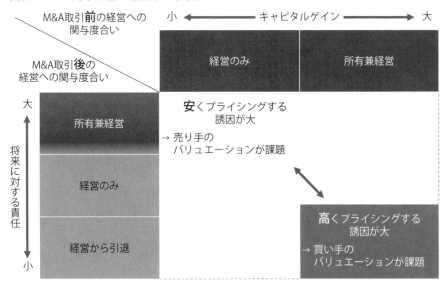

一方で、買い手は高値づかみを回避するためにも、このような事業計画でのバリュエーションを実施できない。もちろん高値で買収しても、それ以上に企業価値を高められれば大きな問題にはならないが、あまりにリスクが大きい。ビジネスDDにおいて、対象会社が作成した事業計画を検証・分析して、実態を事業計画に反映させる必要性はここにある。

（2）保守的な事業計画

逆に、以下のように事業計画が保守的なケースもある。

事業計画が業績評価と連動しているケース

3～5年にわたる中長期の経営計画を策定する会社において、第三者から見ると保守的な事業計画となっていることがある。これは目標数値が、各事業部や所属する従業員の業績評価制度と連動している場合に多く見られる。目標未達成では、個人や所属組織の業績評価が下がってしまうため、現場では目標がクリアできるよう、達成確実な余裕のある計画を策定する誘因にかられる。

M&Aでは、このような保守的な計画が、売り手にとって過度に低い企業価値となる可能性がある。一見して、買い手にとって都合が良いようにも見えるだろ

う。しかし、例えば株式交換のケースでは、一方の会社が保守的な事業計画の前提に立ち、他方が強気な事業計画とした場合に、前者の交換比率が不利となるという結果を招くおそれもあるため、注意すべき事項である。

MBO（Management Buyout：経営者による買収）のケース

ほかにも保守的な企業価値が算定されるケースとしてMBO[9]がある。これは図表2−3の「安くプライシングする誘因が大」に該当する。

MBO前までは、経営者は株主から経営を任されている立場にあり、株主利益の最大化を図ることが求められる。ところがMBO後は自らが所有者の立場になるため、将来を考えると安い価格で譲渡してもらいたいという心理が働く。このような場合、事業計画が過度に保守的に策定される傾向がある。ただし近年は、MBOに関する対象会社の経営陣（＝買い手）の利益相反について議論が深まり、過度に保守的な事業計画とならないような配慮がなされるようになっている。

買収対象会社の経営者とは、事業計画を策定する立場にあり、バリュエーションの鍵を握る存在である。M&A取引前とM&A取引後に、こうした経営者がどのように関与するかにより事業計画のトーンは異なってくる。ビジネスDDでは、マネジメントインタビュー[10]において、経営者の事業に対する思いや将来に向けた経営姿勢を確認しておくことが欠かせない。買い手側は、このような対象会社の経営者心理にも留意しながら、事業計画を精査していくことが求められる。

（3）共同で策定される事業計画

買収対象会社と買い手が共同で作成する事業計画をもとに、バリュエーションを実施するケースもある。

「対象会社が買い手とともに事業計画を描くこと自体が利益相反ではないか」との疑義も生じかねないが、グループ再編では売り手・買い手双方とも最終的には同じ親会社にたどり着くことがあり、このような場合に共同事業計画の策定が用いられる（ただし、グループ再編の場合でも、少数株主が存在する場合は、利

9　買収対象会社の経営陣の全部または一部が出資する形で、買収対象会社の事業の継続を前提として買収対象会社を買収する手法をいう。経営陣のみでは資金力に制約がともなうために、投資ファンドら共同でLBOの資金調達手法を組み合わせて実行されることが多い。

10　ビジネスDDの買収対象会社における経営陣に対するインタビューをいう。ただし、経営陣や役員のみならず、ビジネスDDの検証論点に応じてキーパーソンとなる従業員も対象とすることも多い。

益相反についての配慮が必要となる）。

　また、通常の第三者間の取引で、共同事業計画を策定するケースもある。例えば、買い手の資本参加後に、既存株主との間で共同経営体制を敷く場合がこれにあたる。この場合には、最適な経営体制に向けた議論と計画策定が主旨であり、共同で策定した事業計画が買い手のバリュエーションとは無関係であることを、しっかりと明示する必要がある。

4 「バリューストラクチャ」とビジネスDD

　本節では、ビジネスDDの結果を踏まえて対象会社の価値を把握し、合理的な買収価格をどのように確定するのかというプロセスを、「バリューストラクチャ」のフレームワークに沿って解説する（**図表2-4**）。

(1)「バリューストラクチャ」と3つのバリュー

　バリューストラクチャは以下の3つで構成され、主にDCF法によって算定する。
- ●「セラーズバリュー」＝売り手にとっての売却希望価格
- ●「スタンドアロンバリュー」＝ビジネスDDの分析結果を反映した対象会社の価値
- ●「バイヤーズバリュー」＝買い手にとって経済合理性が説明できる最大限の価値（買収価格）

図表2-4：「バリューストラクチャ」

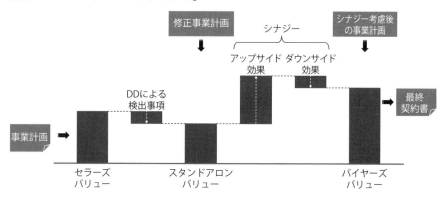

①セラーズバリュー

セラーズバリューの性格

　セラーズバリューは、MOU[11]締結後のDDで提示する自社事業計画をもとに、対象会社が算出する。オーナー企業の場合は同様に売り手オーナーが作成するが、いずれにしてもこうした計画は、売り手側が「これぐらいの価格で売却したい」と考える意思が反映されている。つまり、セラーズバリューは、売り手からの「売却希望価格」である。

セラーズバリューが持つ意味合い

　「希望価格」の段階では、実力以上の目標値が織り込まれている可能性がある（前節における「強気な事業計画」のケース）ため、そのままでは高値買いとなる可能性が高い。これを回避するため、買い手はビジネスDDにより適切な計画水準を見極めて、次に述べるスタンドアロンバリューを算出する。

②スタンドアロンバリュー

スタンドアロンバリューの性格

　スタンドアロンバリューは、売り手側による「事業計画」に対し、DDでの発見事項を加味して作成される「修正事業計画」を反映した対象会社の価値を示す。

　正確な修正のために、業績や収益を生む源泉となっているビジネスの「仕組み」を分析する。小売業であれば、市場の変動予測、競合の出店状況と対象会社の過去実績や展開方針などを勘案して、より蓋然性が高い計画へ修正する。売り手側の裏づけが十分でなく、計画の実現可能性が低い場合には、買い手が一から「（修正）事業計画」を作成することになる。

スタンドアロンバリューが持つ意味合い

　売り手側が作成した「事業計画」が過度に保守的でない限り、次のようにスタンドアロンバリューはセラーズバリューより小さくなる。

スタンドアロンバリュー 800億円	=	セラーズバリュー 1,000億円	−	DDでの発見事項 200億円

11　Memorandum of Understandingの略。基本合意書とも。M&A取引の交渉過程で、M&Aの諸条件を取り決める契約書。通常、株式譲渡価格や対象株式数の他、表明保証や諸手続きの内容などが取り交わされる。

ただし、DDの結果による200億円もの減額は、売り手にとって心情的に受け入れ難いため、実務的には交渉を通じて最終買収価格を探ることになる。

　スタンドアロンバリューは対象会社の実態的な価値であるため、買い手にとってDDで対象会社の経営の実情をできるだけ把握し、その適正水準を定めることは、価格交渉上極めて重要となる。

③バイヤーズバリュー

バイヤーズバリューの性格

　バイヤーズバリューとは、買収後の「シナジー」を「修正事業計画」に加算した「シナジー考慮後の事業計画」に基づいて、買い手視点で算定される対象会社の価値である。「シナジー」は、対象会社に対する新規の投資実行、両社の事業の協業や経営リソースの融通、機能の連携等を通じて創出される。

バイヤーズバリューの算定方法

　バイヤーズバリューは、スタンドアロンバリューに、個別のシナジー施策からもたらされる定量的効果を事業計画に落とし込んで、それらの現在価値を積み上げて算定される（**図表2-5**参照）。

　ビジネスDDの中で「シナジー考慮後の事業計画」まで作成するのは負担が大きい。だが、予算計上や「のれん」の減損を判断するにはシナジーも考慮することになり、いずれにせよM&A後に作成する心積もりならば、この時点で行うことで、ポストM&A[12]の経営体制や業績予想に対するイメージを早い段階からもつことが可能となる。

シナジーとは

　シナジーは、対象会社と買い手の双方が持つ経営資源を融合させて、新たな価値を創出することだが、バイヤーズバリューの把握のためにはこの見積もりが極めて重要である。事業特性や目的から、M&Aの買い手は事業会社（ストラテジックバイヤー）と投資ファンド（フィナンシャルバイヤー）の2種類に大別される。

　ストラテジックバイヤーの場合、買収先の経営に積極的に関与し、自社事業と連携を深めて、買収時に想定した（ないしはそれ以上の）シナジーの創出を狙う。これは買収先におけるシナジーのみならず、自社の研究開発や事業との組み合わ

12　一般的にM&Aディールの実施前をプレM&A、実行後をポストM&Aという。

図表2−5：シナジーを積み上げたバリューストラクチャの例

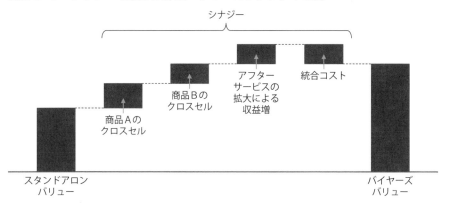

せによる買い手側のシナジーも想定される場合が多い。

　一方、フィナンシャルバイヤーは、助言や経営改革によって事業の効率化を図り、対象会社の価値を向上させて、3〜5年後に株式の上場や他者への株式売却などによってEXIT[13]を目指す。したがって、買収対象は、事業再生段階の会社、MBOの対象となる会社、ベンチャー企業、割安感のある会社など、バリューアップ[14]が可能な会社となる。なおフィナンシャルバイヤーが純投資を行う場合は、事業に対する経営指導という手法ではなく、高配当で株価を上げ、短期で投資利益を享受するケースもある。

　いずれにせよ、どのような買い手のケースでも、シナジーを狙うことは共通している。

アップサイド効果とダウンサイド効果

　シナジーには、プラス（「アップサイド効果」）とマイナス（「ダウンサイド効果」）の要素がある。アップサイド効果は、"通常の"シナジーで、買い手と対象会社の相互の連携から生み出される。一例として、非稼動時間に工場のラインで買い手が提供する別の製品を流すことができれば、追加的な固定費なしに限界利益を獲得できる。このほか対象会社の既存顧客に買い手の製品を販売することで、売上拡大も狙える（これをクロスセルシナジー[15]という）。

13　株式市場上場や第三者への株式売却等、株式を他者に譲渡して株主から退出する行為。
14　買い手が対象会社への投資・買収後、価値向上施策の実行を通じて図られる企業価値の向上をいう。
15　対象会社の製品を買収会社側の販路に乗せて販売、ないしはその逆の取引により、トップライン（売上高）の伸長を実現するシナジーのこと。

ダウンサイド効果は、連携によって逆作用を及ぼすため、「ディスシナジー」とも称される。M&Aによって経営方針が変わることを危惧した取引先が離反する、新株主と競合関係にある顧客が取引を停止する、従業員が辞めることがこれにあたる。組織や機能・システム統合にかかるコストを含めることもある。

「シナジー考慮後の事業計画」作成の鍵

　「シナジー考慮後の事業計画」作成のためには、次の2点に注力して、アップサイド効果とダウンサイド効果の合理的な算定をすることが鍵となる。

- ●買い手側の戦略とM&Aの目的を明確にして、シナジー項目を洗い出す
- ●合理的な根拠に基づいた、定量化の手法を駆使する

バイヤーズバリューが持つ意味合い

　昨今のM&Aでは、対象会社の経営陣が、「自社株主の利益を最大化する努力を怠らなかったか」の説明責任を問われるため、入札形式が増えている。競争心を煽られ、買い手は合理的な範囲を超えて、高値でも買収したいという衝動にかられやすい。しかしながら、どのようなケースでも、合理的なシナジーを算定したうえで、「バイヤーズバリューと最終的な合意価格との差額が買収メリット」であることを常に意識しなくてはならない。

（2）対象会社が多くの買い手にとって魅力がある場合

魅力的な企業や成長企業は売り手が優位

　自社が求める買収候補先は、往々にして競合他社にとっても魅力的に映るもので、そのような対象先が入札を実施すれば価格競争は避けられない。理論上のバイヤーズバリューを上回る価格でも、ぜひ買収したいという焦燥感から、「買収すること」が目的化してしまいがちである。シナジー実現で企業価値を向上させるという本来の目的が置き去りになり、M&Aの典型的な失敗例となってしまう。

　一方、売り手は事業内容を理解し、業界の最新状況にも精通している。買い手は、DDで開示される情報やマネジメントインタビューを通じてシナジーを判定するが、情報の質次第では定量的な推定すら困難になる。このようなケースでは、売り手側が買い手よりもシナジーも加味した精度の高いバイヤーズバリューを推測でき、価格交渉で有利な立場となる。

　成長企業であれば今後の展開も加味し、買い手の提示価格に納得できなければ売却を取りやめる選択肢もある。対象の魅力次第では、売り手にとってかなり有

利なM&A取引の構造となるのである。

買い手にとっての最大価値

買い手はM&Aについて、株主に説明する責任や善管注意義務[16]を負うため、買収価格には経済合理性が求められる。入札で論理的に「ここまでしか出せない上限価格」とは、すでに見た「バイヤーズバリュー」となるが、例外的な扱いもある。入札では複数の会社が参加するため、競争原理が働いて、成長企業のM&A取引などでは、買収価格がつり上がることがある。そのため買い手は、対象会社提示の事業計画等をもとにしたバリュエーションに加えて、対象会社の「再構築原価」や「防御価値」も別途、考慮しておくことが必要となる。

①再構築原価

再構築原価とは「一から同じ事業を構築するとした場合に想定されるコスト」であり、以下の2つのコストの合算である（**図表2-6**参照）。

- 対象会社と同じ事業を自社で構築するためのコスト総額の現在価値
- 当該事業が立ち上げ期間中に存在していたら、儲けとして計上されるはずのキャッシュの合計

再構築原価が持つ意味合い

ある会社が新事業への進出を考える際には、投資や開発によって自社で一から立ち上げるのと、M&Aで他社の事業を買収することとを比較考量するだろう。再構築原価よりも低い価格でM&Aできれば、後者の経済合理性が高いことは明白である。もし「買収価格＞再構築原価」であれば、これと逆になる（**図表2-7**参照）。

再構築原価は、スタンドアロンバリューやバイヤーズバリューとはまったく異なる前提で試算する。社運をかけるほど重要なM&Aでは必ず考慮することになるし、そうでない場合でも「このM&Aが成長戦略や目的達成に決定的な意味を持つのかどうか」を再考するためにも、この概念は常に念頭に置いておきたい。

再構築原価を用いる場合の留意点

「買収価格が、再構築原価を超えていなくとも、バイヤーズバリューを超えていた場合、投資を上回るリターンを得られない」という点は肝に銘じておく必要

16　委任を受けた人が職業、地位、能力等において、社会通念上要求される注意義務で、単に受託した業務を処理するだけではなく、専門家やプロとしての最低限の注意を尽くす必要があること。

図表2−6：再構築原価

再構築原価とは、同じ事業を1から立ち上げるのにかかるコストのこと

実際にかかる構築コストと、その期間に得ていたであろうネットキャッシュの2つで構成される

対象会社の
再構築原価

構築期間に、もし当該事業が存在していたら、超過して得たであろうネットのキャッシュイン

同じ事業を構築するために実際にかかるコスト

現在価値に戻す　　　t+1　　　　t+2　　　　t+3

図表2−7：買収価格と再構築原価の関係

M&Aを選択する
合理性がある

M&Aを選択する
合理性がない

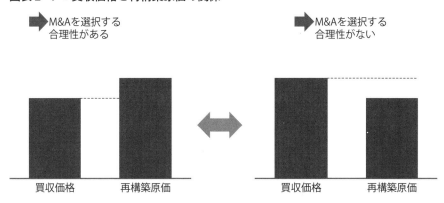

買収価格　　再構築原価　　　　　　買収価格　　再構築原価

がある。とすれば、バイヤーズバリューを引き上げられるような別の効果（グループ全体で見込めるシナジーなど）も考えておかなければ、結局は「高値づかみ」からは逃れられない（**図表2−8**参照）。

　事業を新たに立ち上げる（再構築する）ことによって業界のプレイヤーが1社増えるので、それを業界規模やシェアにどう反映させるかが、再構築原価検討時のもう1つの留意点である。つまり、「対象会社を買収せず、自社が対象会社の新たな競合企業となる」ため、業界の競争構造は影響を受け、図表2−6での

図表2-8：バイヤーズバリューと再構築原価

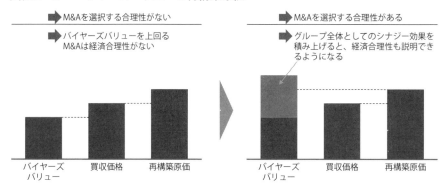

「儲けとして計上されるはずのキャッシュの合計」と、業界各社の収益性に影響を及ぼすからである。したがって、仮説的に条件を設定することになるため、十分な検討が必要である。

②防御価値

競争入札において、同業他社の買収により業界の勢力図が変わって自社の売上が激減する、ビジネスに大きな影響が出る、といった場合に、もう1つの「上限価格」の例外である「防御価値」を考える。

例えば、あるM&Aで、買い手のX社にとってのバイヤーズバリューが120億円だとする。もし競合するA社が対象会社を買収するとX社に50億円の損失が出ることが想定されれば、120億円に50億円を加算した170億円がX社の防御価値となり、この水準までならM&Aを行う説明がつく。仮に150億円で買収できれば、バイヤーズバリューと買収価格の差である30億円はマイナスだが、A社が買収すると50億円の損失が出るため、このような場合はバイヤーズバリューを上回っても合理的だといえる（**図表2-9**参照）。

ただし、このような例は稀なので、この考え方を濫用して、むやみにバイヤーズバリューを上回る価格でM&Aを実行することは避けたほうがよい。

③バリューストラクチャと時価総額

実態を反映しない時価総額

買収対象が上場企業であれば株価が存在し、株価を発行済株式数に乗じたもの

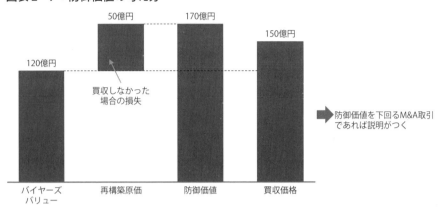

図表 2-9：防御価値の考え方

50億円　170億円

120億円　　　　　　　　　　　　　　150億円

買収しなかった
場合の損失

→ 防御価値を下回るM&A取引
であれば説明がつく

バイヤーズ　　　再構築原価　　　防御価値　　　買収価格
バリュー

が時価総額だが、これがスタンドアロンバリューやバイヤーズバリューを大きく上回ることがある。売買取引数量が少なくアナリストがカバーしていない中小株や新興のIT企業ほか、クロスボーダーM&Aにおける新興国の成長企業などにその傾向がみられる。売り手側は、もし自社の実力が時価総額に見合っていなくても、当然公開情報である時価総額を基準に価格交渉する。一方で、買い手側は、各種DDの結果から、仮にバイヤーズバリューを2倍にしても、対象会社の価値が時価総額に届かない事実に直面することがある。

買い手の判断

このような場合、買い手はまず別のシナジーを検討することになる。どのように分析してもバイヤーズバリューが時価総額を上回らなければ、この買収をあきらめるしかない。「バイヤーズバリュー、または防御価値以上での買収は避ける」という原理原則は尊重すべきだろう。株価が実態を反映するまで相場の動きに任せるか、ディスカウントTOB[17]での買収を目指すかなど、買い手の選択肢は限定されるのである（**図表 2-10**参照）。

17　上場会社の株式を、公開買付者が「買付機関」「買付価格」「買付予定株数」などを公表して、不特定多数の株主から直接的に株式買付を行うM&Aの一手法をTOBといい、ディスカウントTOBとは、株式市場価格よりも安く株式を買い付けることをいう。

図表2-10：バリューストラクチャと時価総額

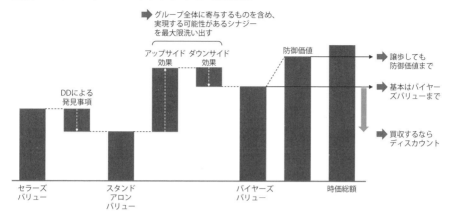

（3）対象会社が再生企業の場合

再生企業の最低売買価格

再生企業のM&Aでは、売り手は売却を迫られていることが多く、早急に売却しないと資産価値や事業価値が刻々と劣化するため、時間的な余裕もない。このような場合にスポンサー[18]となる買い手は同業者であることが多い。なぜなら、同業という「地の利」を生かし、売り手の債権者やその他のステークホルダーから短期間で納得や支援を得やすいからである。このようなM&Aでは、一見すると買い手側が有利に思えるが、現実的には早期のクロージングを求められ、ビジネスDDにも十分な時間をかけられないなど、潜在的なリスクが相応に残ってしまう。

こうしたリスクを減らすため、買い手は事業譲渡を選択するなどの買収手法でヘッジし、価格についても低い価格から交渉する。その際に基準となるのが「対象会社の清算価値」である。

清算価値とは

会社を清算する場合、賃貸借契約の中途解約違約金や従業員への退職金などで、多額の特別損失が発生する。工場や店舗の稼動も徐々に縮小するため、操業短縮にともなう損失も発生する。このような清算にともなうコストや損失と、会社に残っている剰余金を相殺したものが清算価値である。

18　一般的にM&Aにおける買い手企業のことをいうが、特に、事業再生のケースにおける買い手企業のことを指すことが多い。

図表2-11：バリューストラクチャと清算価値

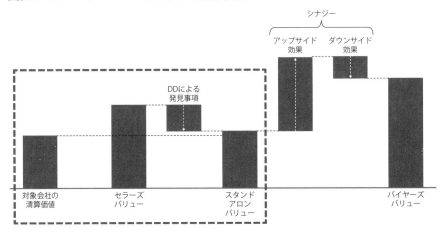

　会社を清算して5億円のキャッシュを作ることと、「3億円で買う」というオファーを比較すれば、雇用維持や歴史的背景等といった判断基準を除くと、売り手側はより多くキャッシュを手にできる清算を選択することになる。これは、売却より清算を選択することが経済合理性に合っているからある。

清算価値は価格交渉の下支えにもなる

　したがって、再生企業の買収においては、事業計画等に基づくバリュエーションに加え、清算価値も算定しておく。つまり、売り手の「これ以下の価格では売却できない」下限値を理解しておくのである（**図表2-11**参照）。

バリューストラクチャの全体図

　図表2-12は、バリューストラクチャを横軸に、価値を縦軸にとっている。交渉上、バリューストラクチャの左側に位置する価値構造の要素が論点となるのは再生企業で、右側に位置する要素が論点となるのは新興ベンチャー企業や海外新興国の成長企業である。このように、バリューストラクチャのどこが重要視されるのかは、M&Aの特徴によって異なる。

図表2-12：バリューストラクチャの全体図

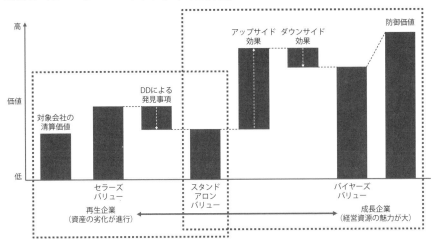

第 2 編

ビジネス・デューデリジェンスの設計

第 **3** 章

ビジネス・デューデリジェンスのステップ（詳細）

1 ビジネスDDの作業プロセス

3つのフェーズ5つのステップ

ビジネスDDは、**図表3-1**のとおり、大きく3つのフェーズと5つのステップ（図表中の❶〜❺）で構成される。

フェーズの第一段階は、計画策定（❷）である。ビジネスDDを進めるにあたり、事前準備や作業計画を具体化するフェーズである。

フェーズの第二段階は、対象会社の実態把握であり、ビジネスDDの中核的なテーマにあたる。このフェーズでは、事業構造分析や業績構造分析（❸）により、対象会社が営む事業の外部環境や競合関係を把握しつつ、対象会社の競争優位性まで明らかにする。また、外部・内部環境分析の成果を踏まえて修正事業計画を策定する（❹）ことにより、対象会社の事業性を定量的に検証する。

最後の第三段階は、価値創出・向上策の検討である。買い手による対象会社への出資・買収により期待される提携・協業のシナジーを検討し、実現に向けたアクションプランまで落とし込みを図る（❺）。

これらビジネスDDのステップに応じた個別トピックに加えて、ビジネスDD全体に関連するトピックとして、ビジネスDDの技法とツール（❻）、財務・税務・法務・機能デューデリジェンスとの連携（❼）、およびビジネスDDの応用と派生（❽）についても概説したい。

各フェーズとバリューストラクチャの関係

「対象会社の実態把握」および「価値創出・向上策の検討」フェーズは、バリューストラクチャと密接な関係にある。バリューストラクチャとは、M&Aディールに関与するステークホルダーの視点から、対象会社のバリューを体系化したものである。ここでは、「セラーズバリュー」「スタンドアロンバリュー」および「バイヤーズバリュー」の3つから構成される。

まず、「セラーズバリュー」は、対象会社の売り手が主張する対象会社のバリューであり、売却希望価格といえる。これは売主が提示する素の事業計画をもとにしたバリューである。これに対し、買い手が実施するビジネスDD（対象会社の実態把握フェーズ）を踏まえ、修正事業計画をもとにしたバリューをスタンドアロンバリューと呼ぶ。スタンドアロンとは「単独」の意味であり、買い手と

図表 3-1：ビジネス DD のフェーズとバリューストラクチャの関係性

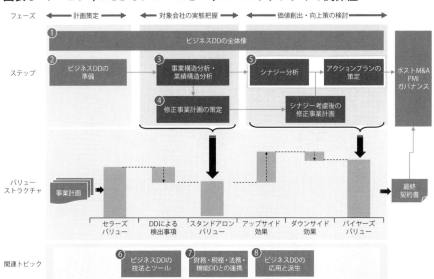

の事業シナジーを考慮しない対象会社単独での価値をいう。この段階では、ビジネスDDから検出された個社に関わるリスクが織り込まれた状態となる。最後に、価値創出・向上策の検討結果を踏まえ、定量化されたシナジーおよびディスシナジーをスタンドアロンバリューに反映したものが、バイヤーズバリューである。買い手と対象会社との協業により、その効果が定量化できる場合に、修正事業計画にさらなる反映を行う。買い手の視点から、対象会社の買収価格として経済合理性が説明できる最大許容値ともいえる。

2 ビジネスDDの各ステップ概要

（1）フェーズ1：計画策定

本フェーズでは、「❷ビジネスDDの準備」として、ビジネスDDを進めるにあたり必要な理解を抑えつつ、ビジネスDDの範囲（スコープ）の定義や分析・検討手法（アプローチ）、実施期間や成果物の提供方法を定めるとともに、円滑に実行するためのプロジェクト実施体制を構築する。ここでは、ビジネスDDで検証すべき論点を明確化し、初期仮説まで構築することが肝要である。対象会社に

かかる情報入手に制約がある段階ではあるが、公知情報等を活用して対象会社や事業環境の理解を深め、一定程度の論点・仮説を構築することは可能である。早期にビジネスDDのゴールを定めることにもつながり、後続の実態把握フェーズをより高い質と効率性をもって進行することができる。

（2）フェーズ２：対象会社の実態把握

「対象会社の実態把握」フェーズでは、対象会社が抱える本来の実力と事業・経営課題を明らかにする。ここでは、対象会社が単独で事業継続することにより、「企業が将来生み出す価値」、つまりスタンドアロンバリューを把握する。**図表3-2**の因果マトリックス（第2章にて示した図表の再掲）のとおり、「企業が将来生み出す価値」は、「これまでの価値を生む仕組み」の実態を知り、それが将来どのように変遷して「これからの価値を生む仕組み」となるか、考察しなければならない。その仕組みの結果として、企業が将来生み出す価値が洞察される。

本フェーズにおける具体的な作業は、❸事業構造分析・業績構造分析である。主に、対象会社を取り巻く外部環境の分析や対象会社自身の内部環境分析を通じて、市場における競争優位性を明らかにする。それら分析結果を、❹修正事業計画の策定において、買い手側の視点から（売り手提示の）事業計画へと落とし込む。

①事業構造分析・業績構造分析

事業構造分析では、対象会社が収益を生む源泉たるビジネスの「仕組み」や競争優位の要因を洞察し、対象事業の将来性を見極める。具体的な分析手法には、主に、マクロ環境分析、市場動向分析、競争環境分析、ビジネスプロセス分析、ビジネスインフラ分析の5つがある。買収対象は"企業"であっても、価値を生むのは、その企業が営む"事業"である。買い手の関心が"事業"[19]であれば、ビジネスDDでは自ずと価値をもたらす"事業"の仕組みに主眼が置かれるのが自然である。

事業構造分析がビジネスの「仕組み」に焦点を当てるのに対し、業績構造分析は、対象会社の事業活動の「結果」に着目する。対象事業を製品・組織などから

---

[19] 企業ブランドを獲得するためのM&A取引もある。その場合でも、当該ブランドを育ててきたのは事業であることが多い。

図表 3−2 ：因果マトリックス （再掲）

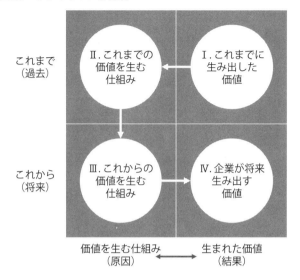

これまで（過去）

Ⅱ. これまでの
価値を生む
仕組み

Ⅰ. これまでに
生み出した
価値

これから（将来）

Ⅲ. これからの
価値を生む
仕組み

Ⅳ. 企業が将来
生み出す
価値

価値を生む仕組み
（原因）

生まれた価値
（結果）

分解し、強みや事業課題や改善余地などを導出する。一般的に業績分解の軸は、事業、製品、顧客、拠点、機能などが考えられ、検証の深度に応じてそれぞれ検討軸の粒度（分解する単位の細かさ）を定める。具体的な分析手法としては、時系列分析や競合ベンチマーク分析があげられる。

②修正事業計画の策定

修正事業計画の策定では、まず事業構造分析や業績構造分析における発見事項（ファインディングス）を整理する。そのうえで、発見事項によるインパクトの定量化が可能な場合に、修正事業計画へ反映することを考える。特に、売り手提示の事業計画における諸前提のロジックや論拠の蓋然性が認められない場合や不十分な場合、事業計画に修正を施すことになる（買い手が参照可能な事業計画策定をしていない場合等のケースによっては、買い手がゼロベースで修正事業計画を作成することもある）。このように買い手視線で策定された修正事業計画が、バリューストラクチャにおけるスタンドアロンバリューの基礎となる。

（3） フェーズ３：価値創出・向上策の検討

　「価値創出・向上策の検討」フェーズは、ポストM&A[20]の準備作業の位置づけといえる。M&A取引が正式に成立してクロージングを迎えると、新たな株主のもとでの事業が再スタートとなる（一般的に新体制での開始日を "Day 1" と呼ぶ）。ポストM&Aを円滑に移行させるべく、DDの実施期間中に入念な準備をしておくことが重要である。

　ポストM&Aの主な準備事項としては、シナジー創出に向けたアクションプラン策定や体制検討、（買い手視点からの）対象会社に対する経営の仕組みの設計などがあげられる。例えば、シナジー創出であれば、買い手・対象会社（売り手）が事業面でどのように協業を推進するか、具体的な施策を検討することになる。

　とりわけ、ポストM&Aでは、買い手の買収に対抗する（対象会社内部の）抵抗勢力や、新体制下の経営に不安を抱える社員を意識する必要がある。これらへの対処として、シナジーの中でも即効性をともなった施策である "Quick Hits" を、ビジネスDDの中で検討し始めることが肝要である。本検討では、事業構造の抜本的見直しから、共同購買のような個別施策まで、価値創出・向上に寄与しうるシナジー施策を網羅的に洗い出す。その中からDay 1 以降に短期間のうちに実施可能で、効果発現が期待されるQuick Hitsを見出す。Quick Hits実行により、新たな経営体制に不安を感じる対象会社の社員や取引先などのステークホルダーに対し、早期の段階でM&A取引の意義を実感してもらう効果が期待される。ポストM&Aを円滑に進めるために、ぜひとも有効活用したい施策である。

　また、アクションプラン策定では、シナジーやQuick Hits実現に向けた具体的な工程表を作成する。施策ごとの概要、アプローチ方法、具体的アクション（誰が、何を、いつまでに）を可能な限り詳細化する。このアクションプランは "絵に描いた餅" になってはならない。関係者が必ず実行して効果につながるような実効性ある仕組みを意識した行動計画に落とし込むことが大事である。

20　一般的にM&Aディールの実施前をプレM&A、実行後をポストM&Aという。

3　ビジネスDDの実施スコープ

　ビジネスDDをフルスコープで行う場合、前節までで解説したように、3つの
フェーズ、5つのステップを踏んで作業を実施する。

ビジネスDDをフルスコープで実施するケース

　買い手にとって、対象会社の事業実態が把握しやすい国内同業他社としても、
非上場の場合にはフルスコープでビジネスDDを実施することが多い。一般的な
ケースと同様、外部・内部環境の検討を通じて対象会社が内包する事業リスクや
シナジーを洞察することが必要となるが、非上場会社には市場株価が存在しない
ことから、より慎重な実態調査が必要となるためである。また、50％超の議決
権取得等による経営権取得の場合や買収価格が高水準となる場合にも、（上場の
有無にかかわらず）フルスコープのビジネスDDが実施されることが多い。買い
手として、M&A取引後に対象会社の経営に責任を負う立場となることから、シ
ナジーを織り込んだバイヤーズバリューの重要性が交渉上も高まるためである。

ビジネスDDを部分的スコープで実施するケース

　他方、買い手の状況によっては、必要な業務のみをカスタマイズしたビジネス
DDの設計とすることも多々ある。一例として、上場会社へのマイノリティ出資
の場合、少数株式取得に対するリスクに見合った相応の調査のみにとどめること
がある。具体的には、買い手の財務部等が簡易的にバリュエーションを実施し、
想定株価が割安か過度な割高ではないか精査し、必要な決裁手続きをとったうえ
で出資を行う。この中で、ビジネスの視点から限定的な論点に絞ってビジネス
DDを実施することで、当該バリュエーションを補完するケースである。

　また、別の例では、スタンドアロンバリューの検証を目的としてビジネスDD
のスコープを調整することもある。ストラテジックバイヤーによる小規模なハン
ズオフ投資や、ベンチャーキャピタルや投資ファンドなどのファイナンシャルバ
イヤーによる純投資では、（シナジーを想定せずに）スタンドアロンバリューで
投資判断が行われる。かかる状況では、修正事業計画策定の実施までで、ビジネ
スDDの目的は達成される。

4 ビジネスDDの進化

ビジネスDDの重要性の高まり

デューデリジェンスというと、対象会社の粗探しをイメージする読者も多いのではないだろうか。これはデューデリジェンスの果たす役割の一部であり、"リスク発見型DD"といえる（**図表3-3**）。しかし、DDは必ずしもリスク検出にとどまらず、ポストM&Aにおけるシナジー施策の実現に重きが置かれるようになってきた。日本企業のM&Aの失敗事例は後を絶たないが、買収後の企業価値向上への意識が高まっている昨今の潮流もその背景にある。前節までに述べたとおりだが、買収後のシナジー施策を含めた企業価値向上施策をDDの期間中に策定していく。この中で、事業運営のオペレーショナルな論点のみならず、戦略的議論の重要性が高まってくる。図表3-3では、このようなタイプを"シナジー創造型DD"とした。

"シナジー創造型DD"は、買い手と対象会社の"win-win関係"の構築に主眼を置いている。したがって、単に買い手が対象会社の事業を精査するのみならず、経営陣同士の戦略討議や共同での戦略事業計画策定など、ビジネスDDのプロセスも双方向的に工夫する。また最近では、より企業価値向上に重点を置いたバリュークリエーションの概念も広まっている。M&A案件の成立後に、双方のケイパビリティを活かして、どのように戦略・オペレーション・組織を再構築して価値を最大化するかという手法を追求している[21]。

最後に、ポストM&Aにおける買収子会社の経営ガバナンス体制の設計への重要度が高まっていることから、図表3-3で"ポストM&A検証型DD"を示した。適切な企業ガバナンスは、ESG経営の浸透とあいまって、すべての企業の責務として社会から求められるようになっている。ビジネスDDの流れの中で、経営陣の組成案作成や経営KPIの準備なども併せて検討する場合もある。

留意しておくべきこと

単一のビジネスDDの中でも、リスク発見とシナジー創造の両方の視点を使い

---

21 PwCが推奨するValue Creation in Dealsについては当社ウェブサイトも参照いただきたい。本書ではシナジー創造DDと関連づけて紹介したが、DDの枠組を超えた新たな概念として提唱している（https://www.pwc.com/jp/ja/services/deals/value-creation-deals.html）

図表 3-3：ビジネスデューデリジェンスのタイプ

	リスク発見型DD	シナジー創造型DD	ポストM&A検証型DD
目的	"ディールブレイク要因がないか"「リスク」の発見	"どうやってバリューアップするか"「チャンス」の創出	"どうやって経営するか"「ガバナンス」の検証
実施内容	・財務諸表のチェック ・売り手の事業計画の実現性の評価 ・リスク項目の洗い出し	・事業計画に盛り込む施策、オペレーション改善項目、組織運営方法の改善点の抽出 ・組織の潜在力の顕在化 ・M&A後の経営戦略／事業戦略の検討	・経営陣の組成案作成 ・KPIの設計 ・本社側の支援体制構築
手法	・過去実績を分析 ・ヒアリングベースで事実（ファクト）を収集	・買収企業および買収対象会社の将来を担う人材をチームアップし、セッションを通して進行 ・自社の経営計画策定メンバーとの議論	・マネジメントインタビュー ・報酬制度やインセンティブ制度のレビュー

分ける必要があり、その場合に留意すべきことがある。それは、対象会社側の
DD対応メンバーとのコミュニケーションやチーム編成である。"リスク発見型
DD"において、買い手側のDD担当者は経営実態把握に向けて厳しい追及を行う
場合がある。同一のDD担当者が「さあ、将来について語りましょう。一緒にど
のようなシナジーを創造できるか話しましょう」と対象会社側の担当に呼びかけ
ても、その警戒感は拭えない。シナジー創造の議論は、相互信頼のうえで忌憚な
い議論がなされるべきであり、チーム編成を含めたコミュニケーションの工夫が
大事である。

　また、"ポストM&A検証型DD"においては、買い手の経営陣の中でも限定メ
ンバーで検討されることが多い。買収後の経営体制検討は、自ずと人事などのセ
ンシティブな検討がともなうからである。したがって、リスク発見・シナジー創
出の検討メンバーとは独立して編成されるチームにより、ポストM&Aのガバナ
ンス検討は進めることで良い。

第 **4** 章

ビジネス・デューデリジェンスの計画策定／進め方

1 ビジネスDDの計画策定

最初のステップは「❷ビジネスDDの準備」である。このステップでは、一般的なプロジェクト管理手法と同様、ビジネスDDの範囲（スコープ）、アプローチ、実施期間、成果物の方向性を定め、実施体制や初期仮説を構築する。具体的には、**図表 4 - 1**に沿って「目的・目標の設定」、「調査範囲の定義」、「マイルストーンの設定」、「実施体制の構築」、「仮説構築」の各準備作業について解説する。最後に、このようなビジネスDDの一般的な調査分析との違いについて述べ、ビジネスDDで特に留意すべき点について説明したい。

2 ビジネスDDの計画策定の進め方

（1）目的・目標設定
①目的・目標設定の意義

ビジネスDDを始めるにあたり、まず、その目的や目標を定めることが肝要である。最初に、このビジネスDDは何のために行い（目的）、何を達成したいのか（目標）を明確にし、ビジネスDDが目的・目標にどう貢献するか明確化することで、最終的に必要とする検討・分析や成果物を明らかにできる。「対象会社の経営実態の調査により、買い手として本M&A取引の意思決定に資する材料を獲得

図表 4 - 1：ビジネスデューデリジェンス計画策定のステップ

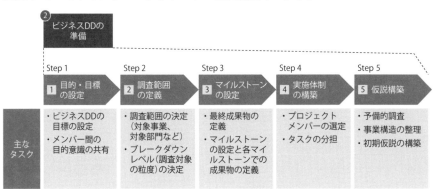

すること」等が目的の一例である。また、目標として「第三者の客観的視点から合理性ある事業計画を5年の時間軸で検討する」ことが例としてあげられる。

ビジネスDDを進める中で、調査範囲の設定・変更や投入人員等の判断に迷うことがあれば、当初設定した目的や目標の達成に必要かどうか判断の軸とすれば良い。ビジネスDDは短期間で実施するケースが多く、十分な成果を出しながら効率的に進めるために、この目的・目標設定は欠かせないプロセスである。

②目標を設定する際の留意点

上述したビジネスDDの目標の設定に際して、いくつかの重要な留意点を述べたい。

留意点①：事業の検討対象とする時間軸を意識する

「ビジネスDDが検討対象とする事業の時間軸をどこまでと設定するか」ということが、分析の全体設計に影響する。現時点から1～3年後を見据えるべきか、5年超の中長期を見据えた検証とすべきかにより、ビジネスDDが扱う修正事業計画の策定期間はもちろんのこと、諸分析の観点も異なる。数年の短期的目線であれば、既存延長線上で市場や競争環境を把握すればこと足りるが、中長期的な時間軸であれば、潜在市場や新技術動向、他業界からの新規参入や業際浸食など、既存市場では存在しない変化を意識的に捉えて、各種分析を進める必要がある。

留意点②：「ビジネスDDで明らかにすること」を明らかにする

ビジネスDDでは対象会社の事業を、その言葉のとおり"ビジネス"の観点から検討を行う。この"ビジネス"が意味する定義はあいまいである。ビジネスDDが扱う主要論点は対象事業ごとに異なるが、それらをビジネスDDで扱うべきか、それ以外の財務・税務・法務・機能デューデリジェンスがカバーすべきか、議論となる場合もある。例えば、対象製品に関連する特許の（ビジネス上の）優位性が重要論点となる場合、ビジネスDDか法務DDのどちらで捕捉すべきか、目標設定の段階から意識すべきである（実際には、後段で述べる調査範囲の定義などで詳細設計をするが、目標設定と行き来しながら、目標自体も精緻化することが望ましい）。ビジネスDDでの検証が必要と整理される場合、「対象事業の競争優位性の源泉が、当該製品が有する特許に依拠するかどうかビジネスDDで明らかにする」という目標が含まれていれば、それに応じたビジネスDDの計画設計をすれば良い。また、別のDDチーム（ここでは法務DD）との円滑な連携も図れ

るという副次的効果も期待される。

留意点③：プロジェクトメンバー間で共有する

　ビジネスDDの目的・目標をプロジェクトメンバー間で共有することにより、何のためにどのような分析・検討を必要とするかのすり合わせが可能となる。ビジネスDDでは、社内各部門から異なる目的意識や立場のメンバーが関与することが多く、プロジェクト立ち上げ当初はメンバー間に意識差がある状態が多い。そこでビジネスDDの目的・目標を共有することで、メンバーの意識を1つの方向に導くとともに、重複や無駄な作業、認識齟齬を防ぐ効果もある。実務的には、ビジネスDDの開始時にプロジェクトメンバー全員を集めた「キックオフミーティング[22]」を開催し、全体での認識共有を図ることが一般的である。

（2）調査範囲の定義
①調査範囲確定の意義

　次に、ビジネスDDの目的達成に向けて、アプローチ方法や調査対象、実施期間、成果物などの設定をする。特に、ビジネスDDが対象とする調査範囲（スコープ）の定義は、プロジェクト全体の成否も決定づけるほど重要性が高い。短期間に多くのステークホルダーが関わりながら作業を進める必要があり、とりわけ外部アドバイザーがビジネスDDに参画する場合、円滑に連携を進めるためにも調査範囲については綿密なすり合わせが大事である。

②調査範囲を設定する際の留意点

　調査範囲の設定に際しては、いくつかの重要な留意点に注意したい。

留意点①：3つの観点を踏まえて範囲設定をする

　調査範囲の設定では、対象会社・事業における「a．事業領域の広さ」、「b．ブレークダウンレベル」、「c．分析の手法」を合わせて検討することが大事である。この3つの観点のうちどれか1つが欠けても後々混乱が起こりうる。

　まず「a．事業領域の広さ」は、ビジネスDDが対象とする事業領域を示す。次に「b．ブレークダウンレベル」は、セグメントや事業部、製品群、単一製品

22　プロジェクトの開始を宣言するためのミーティングを指す。その内容はケースバイケースであり、プロジェクト計画の詳細等が説明される場合もあれば、メンバーの顔合わせ程度の場合もある。また、社内メンバーに限定の場合もあれば、外部のアドバイザーが参加する場合もある。

…などのように、検討対象の単位をどこまで細分化するかを意味する。また、製品単位の細分化のみならず、製品・サービス展開の国・地域や、それに関わる機能（研究開発・製品・調達・販売など）までブレークダウンする場合もある。最後に、「ｃ．分析の手法」とは、例えば損益計算書（P/L）の検証や将来P/L予測、損益分岐点分析等の各種分析手法を意味する。対象会社の事業管理状況に応じて、過去実績等の情報に限りがある場合もあり、選択したい分析手法が実施可能かどうか、情報アベイラビリティも勘案して範囲設定すべきである。

　図表４−２は、繊維事業を営むＡ社を対象としたビジネスDDの調査範囲の例である。本事例では、主要事業たる繊維事業以外は調査範囲から除外した。さらに繊維事業（レベル２）は、事業部門（レベル３）から製品（レベル４）まで細分化されている。ブレークダウンして対象設定をした結果、合成繊維部門における３つの製品（ナイロン・ポリエステル・アクリル）のみが調査範囲とされた。また、分析の手法は、事業別の将来貸借対照表（B/S）や事業別将来P/L、製品別収益性分析、損益分岐点分析が用いられることとなった。本事例のように、ビジネスDDの準備段階で、対象事業の範囲の広がりと細分化された単位から、調査範囲を決定し、具体的な分析手法まで設定する。

　留意点②：調査範囲の修正も想定しておく

　ビジネスDDは限られた時間を最大限有効活用し、無駄な分析作業を排除しながら、効率的にプロジェクト運営することが肝要である。プロジェクト期間中、

図表４−２：調査範囲の設定における３つの観点（例）

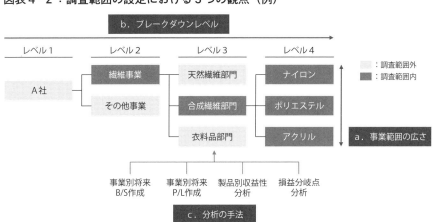

図表 4 - 3 ：調査範囲の変更のインパクト（例）

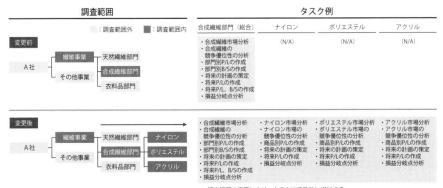

→調査範囲の変更により、タスクは級数的に増加する

本来的には当初設定した調査範囲を維持し、軌道修正や変更を極力避けることが望ましい。調査範囲の変更は、作業計画の修正や分析作業の増大をもたらし、プロジェクトメンバー（対象会社、買い手、DD実施者[23]）の労力を追加的に消費する。ひいてはメンバーの疲弊にもつながりかねない。例えば、**図表 4 - 3**のとおり、調査対象とする製品単位の粒度を一段、細かくすることにより、一気に分析作業量は倍増するため、このような事態は避けなければならない。

　しかしながら、ビジネスDDの作業進捗とともに、買い手の事業理解が深まり、問題意識が変化することは良くあることで、当初は想定しなかった論点の重要性が高まることもある。買い手の投資意思決定には検証が必要な重大事項であり、多少の調査範囲の調整は許容することが望ましいともいえる。

　では、ビジネスDDの調査範囲をどのように設定すべきだろうか。まずは、ビジネスDDの準備段階における初期調査およびそれを踏まえた論点・仮説構築の精度を可能な限り上げることである。十分な初期理解のもとで重要論点を抑えれば、自ずと適切な調査範囲の設定ができる。逆に、論点・仮説構築が十分でない場合、重要論点をプロジェクト期間中に認識することで、大幅な調査範囲の変更を余儀なくされてしまう。そのうえで、プロジェクト進捗の中で必要な調査事項が発生する場合もある。調査範囲の変更の可能性も想定しながら、柔軟に対処したいところだ。特に、プロジェクト開始直後は、本格調査による結果を踏まえて、

23　ビジネスDDは、買い手が自社で実施する場合や、アドバイザーに作業を委託する場合があるが、ここではその両者を含めて、実際のビジネスDD実施者を"DD実施者"と呼んでいる。

重要論点に見合った調査になっているか、週単位などで頻繁に振り返りを行うとよいだろう。

　調査範囲の変更はプロジェクトメンバーのストレスや疲弊を生むため、準備段階における綿密な予備分析と慎重な範囲設定により避けつつ、プロジェクト期間中は柔軟な軌道修正にも対応できるような心構えが重要である。

(3) マイルストーンの設定
①マイルストーン設定の目的

　マイルストーンとは、プロジェクトのゴール到達に向けた道標である。ビジネスDDの目的達成に必要な成果物を考慮し、どの時点でどのような成果物が必要か明確にしてマイルストーンを設定する。ビジネスDDはさまざまな関係者の分業により、膨大な分析作業を同時並行的に進行する場合が多い。短期間の限られた時間軸の中、当初計画した分析の進捗を関係者で確認し、示唆を共有することで相互の分析作業を深めることも必要だ。これにより関係者の足並みを揃えることもできる。逆に、マイルストーンの設定を疎かにすると、当初想定した目的に向けてその進捗にずれが生じていないか確認する機会がなくなってしまう。前述したとおり、プロジェクト期間中に買い手側の問題意識が変わる場合もあり、論点やそれに応じた調査範囲の調整の機会も失うことになる。その結果、買い手の投資意思決定に足る分析結果まで到達できなくおそれがある。

②マイルストーンの設定の留意点

マイルストーンの設定に際しては、いくつかの重要な点に留意したい。

留意点①：M&Aディールのプロセスおよび社内意思決定のタイミングに整合
　　　　　させる

　ビジネスDDは、M&Aディールの一連の入札や交渉プロセスの中で進行することが多い。対象会社からの情報開示やマネジメントインタビュー、サイトビジットなどは事前に時間軸の中で設定される。また、買い手の社内意思決定の決裁プロセスなどにも留意が必要である。社内決裁機関による承認プロセスは硬直的であることが多く、決裁タイミングやそれに向けたプロセスを考慮する必要がある。

　このようにM&Aディールと社内決裁の両方のプロセスと、ビジネスDDにおける必要なイベントの整合を取りながら、マイルストーン設定をすべきである。

図表 4 - 4：マイルストーンの設定（例）

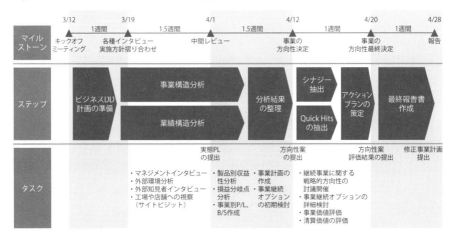

留意点②：逆算型でマイルストーンを設定する

　上述のとおり、ビジネスDDは、M&Aディールプロセスや社内決裁プロセスにより、その期限が厳格に設定される。例えば、売り手側にビジネスDDの実施期間が厳しく設定される、社内の決裁機関（取締役会など）の開催予定日が決まっている、などである。ビジネスDDのマイルストーンはその期限から逆算して設定すべきであり、全体マイルストーンをもとにしてDDの作業スケジュールへと落とし込む流れが良い（**図表 4 - 4**参照）。逆に、必要な作業時間を積み上げて、マイルストーンを設定すべきではない。

　前述のとおり、プロジェクト期間中に範囲調整を余儀なくされるケースもある。また、対象会社からの情報開示プロセスの遅延がマイルストーンに影響を及ぼすことも多々発生する。それでも最終的な期限を常に念頭に置きながら、あくまで逆算型でマイルストーンの調整を図るべきである。

（4）実施体制の構築
①ビジネスDDの体制

　図表 4 - 5は、あるM&A取引における（買い手候補側の）ビジネスDD実施体制の例である。本取引は、複数の買い手候補を競わせる入札形式がとられ、買収価格が高水準となることが想定された。買い手候補として、シナジー検討の重要

性が高かったため、本ビジネスDDでは、対象会社実態調査チームとシナジー検討チームの2チーム体制となった。前者の対象会社実態調査チームは、リスク発見型アプローチで事業リスクの洗い出しに注力し、シナジー検討チームは、両社協業を通じたシナジー創造機会の見極めに特化した体制である。

対象会社実態調査チームの役割

対象会社実態調査チームは、対象会社が買い手に開示する事業計画の蓋然性を精査する。本M&A取引の場合、対象会社はA事業およびB事業以外にも複数の小規模事業を抱えていたが、売上および利益の大半はA・Bの両事業であり、当該2事業の精査に主要メンバーを選定した。ただし、網羅性を担保すべく、小規模事業についても重大リスクの有無の確認を目的として、その他事業チームとして少人数ないし他チームの兼業メンバーを選定する形を採用した。

シナジー検討チームの役割

シナジー検討チームは、本M&Aにおけるシナジーのインパクトや発現時期、発現先（買い手側や対象会社側）や必要条件等の具体的検討を実施する。例えば、対象会社実態調査を、買い手の経営企画部（M&A所管部署等）が担当し、シナジー検討はより事業理解に精通した現場の営業部署が担うなど、適切な担当部署に役割を配分することがある。

シナジー検討チームの組成に際して、まずシナジー仮説の構築が重要である。仮説の蓋然性や買い手としての期待が高いシナジーごとにチーム編成することになるが、当該チーム編成は臨機応変に調整されることが多い（ビジネスDDの過

図表4-5：ビジネスDDの実施体制（例）

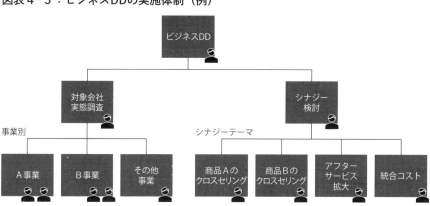

程でその蓋然性が認められず、当該仮説の検討を中断することや、検討負荷に応じて複数チームを統合することなどがある）。

②プロジェクトメンバーの選定要件

対象会社、買い手およびDD実施者のそれぞれのチームでメンバーの要件は異なるため、それぞれの組織の状況に応じた適切なチームアップが求められる。

対象会社

ビジネスDDを円滑に進めるため、DD窓口担当者、事業責任者および現場スタッフ、経営企画担当などでチームを組成したい。

まず、ビジネスDDがスタートすると、対象会社にはDD実施者から資料提供やマネジメントインタビュー等の要請が大量に寄せられる。社内関係者との調整や円滑なコミュニケーションには、一義的な照会窓口の担当者の設定が望ましい。M&A案件という性質上、社内関係者は役員クラスや事業責任者など相応の決定権限を有する役職者との調整が多く発生する。本担当者は社内のシニア層と円滑にコミュニケーションのとれる立場の人物、例えば業務の取り回しに長けている部課長クラスが適するだろう。また、ビジネスDD実施期間中は、通常業務よりDDの対応を優先できる体制が望ましい。

また、事業責任者や現場スタッフの協力も必要不可欠である。事業にかかる重大な意思決定を担う事業責任者のみならず、事業現場の事情に精通するスタッフも関与することで、買い手の要望に対して適切な対応が可能になる。ただし、対象会社内で本M&Aの秘匿性が高い場合には、特に現場スタッフの関与は慎重な検討を要する。会社・一部事業売却の検討自体機微性が高く、社内でも一部の関与者に限定する場合が多いためである。

最後に、事業や製品別など管理会計を担う経営企画担当者の関与も、ビジネスDDには欠かせない。業績構造分析などでは、過去業績のデータ開示や詳細説明が必要となる。管理会計データは社内の分析目的や事情に合わせてカスタマイズされている場合がほとんどである。また、営業・マーケティングの詳細情報は事業部門に、経営・事業全体は経営企画部に情報が分散管理されている場合も多い。これら情報の統合やビジネスDDでの活用には、経営企画担当による編集作業が必要な場合もあり、担当自身がデータ編集・資料作成を担うケースもある。特に、調査対象事業が複数の事業部門にまたがる場合、社内横断的な役目として経営企

画担当の存在が重要となる。上述したDD窓口担当者は、主に各種調整・コミュニケーションを担うため、それとは別に、経営企画担当者をメンバーに関与させることで、社内連携がより円滑になる。

買い手およびDD実施者

買い手やDD実施者においては、コミュニケーション担当者とビジネスDD分析担当者（前述したビジネスDD実施メンバー）を区別することが望ましい。社内リソースの事情や小規模案件など、十分なメンバー関与が叶わない場合、分析チーム責任者がコミュニケーション担当者を兼務することもある。その場合でも、当該責任者がコミュニケーションの役割を担っていることをチーム内で明示することが重要だ。

コミュニケーション担当者は、対象会社におけるDD窓口担当者の役割にも近い。ビジネスDDに外部アドバイザー（会計系ファームやコンサルティングファーム）を起用する場合でも、買い手と外部アドバイザーのチームそれぞれに、コミュニケーション担当者を設置する。DDが大規模の場合には、チームだけでも多数メンバーが関与し、（対象会社とも）多くのマネジメントインタビューや複数のサイトビジット機会の調整が必要となる。チームにとっては、社内外関係者との連携や各種スケジューリング（ロジスティクスともいう）だけでも相当な負荷となる。さらに、DDが本格化し終盤を迎えると、プロジェクトチームにはあらゆる情報が行き交う。例えば、ビジネスDDのみならず、財務や税務DDなど他のDDチームの途中経過が共有され、上述のとおり、論点の軌道修正による調査範囲の調整を余儀なくされる場合もある。このような中、コミュニケーション担当者が、チーム内外と適切なコミュニケーションを保ち、変化する状況に適切に対応できれば、プロジェクトを最後まで円滑に進めることができる。

ビジネスDD分析担当者は、上記①の「ビジネスDDの体制」で述べたとおりである。調査範囲に応じて、対象会社実態調査とシナジー検討のチームを組成し、それぞれチームが事業・テーマごとに小チームを組成することが望ましい。当該チームメンバーは分析作業に集中するが、分析チームの責任者が、適宜、コミュニケーション担当者と連携を図ることとなる。

③プロジェクトメンバー選定の留意点

いくつかの重要な留意点を踏まえてプロジェクトメンバーを選定すべきである。

留意点①：ビジネスDD業務に専念させる

　ビジネスDDは、買い手の重大な投資意思決定に資する成果を、短期間でまとめ上げることが求められる。膨大な情報収集や分析作業に対応するメンバーは、心身ともに相当の負荷がかかる場合が多い。これは対象会社においても同様である。通常業務を担いながらのDD対応は過剰負荷となりがちであり、（ビジネスDDに不参画の）社員との業務融通等により、あらかじめ負荷軽減に努めるべきである。理想的には、ビジネスDDの関与メンバーは通常業務から一時離れ、DD業務専任とすることが望ましい。

留意点②：プロジェクト準備段階から参画させる

　プロジェクト途中からの参画は可能な限り避けるべきで、準備段階から関与させるのが望ましい。第一に、途中参画のメンバーがそれまでの検討状況を理解するには時間を要するからである。繰り返しではあるが、ビジネスDDは短期間での集中的な検討となるが、このような時間の使い方はチーム全体として効率的とはいえない。第二に、それまで実施されたチーム内の分析・検討における重要な視点、考察や示唆を理解することが難しい点である。ビジネスDDは単なるデータ分析の作業ではなく、チーム内外での深い議論を通じて、業界の構造的仕組みやビジネスモデルのメカニズム、対象会社の競争力の源泉に迫るものである。各種分析から得られる小さな示唆の積み重ねが極めて重要であり、途中参画メンバーが当初議論から遡ってこれらを理解するのは難儀である。理想的には準備段階からの参画が望ましいが、少なくともキックオフの時点では、プロジェクトメンバー全員が参画していることが肝要である。

留意点③：タスクと責任分担を明確にする

　準備段階において、事業分析を担当するプロジェクトメンバーのタスクと責任分担を明確にすべきである。例えば、Ａ事業分析を担当する小チームの中でも、業界や市場性を定性的に分析する担当者や対象会社のケイパビリティの棚卸を実施する担当者、定性分析を踏まえて事業計画へ落とし込みを行う担当者などのイメージである。あらかじめタスクと責任分担を明確化することで、プロジェクトメンバーのオーナーシップ意識を高める効果がある。つまり、担当者ごとの業務を責任（コミットメント）を持って作業をしてもらう意味がある。さらに、タスクと責任分担を設定することで、メンバー間の連携も円滑になる。

　逆に、タスクと責任分担を明確にせず進めた場合、必要なタスクの抜けや漏れ

に気づかず、不十分な分析結果に対して責任所在が不明確となる。メンバー個々人がプロジェクトに貢献できるよう、チーム運営の工夫も必要である。

(5) 仮説構築

仮説構築とは、本格的な分析作業に先立って、仮の結論または仮の解決策を構築することである。初期的な情報収集や事前知識のみを用いて、例えば「対象会社の価値の源泉は何なのか、どのような施策が価値創出をもたらし得るか」などの仮説を立てる。仮説の精度が向上すれば、その後に設定される（仮説検証に必要な）分析範囲や手法も、自然と明らかになる。なお、仮説はビジネスDDの期間中に繰り返しブラッシュアップされるものである。したがって、ビジネスDDの早期の段階で構築すべきであり、むしろビジネスDD自体の実施判断の前段階でも早すぎはしない。

このような仮説構築は、大きく3つのステップを踏んで進められる。

- 予備的調査
- 事業構造の整理
- 初期仮説の構築

①予備的調査

目　的

まず、仮説構築に必要となる最低限の予備的情報の獲得を目的に実施する。例えば、対象会社が属する業界や競争状況、対象会社の経営概況などである。仮説といえども、業界知識や対象会社の情報なくして仮説構築はできない。本格的な調査はビジネスDDの中で実施するため、仮説構築段階ではあくまで、時間をかけずにクイックに必要な情報のみを抑えることが大事である。

調査手法

予備的調査では、ウェブ検索や新聞記事検索が有効である。例えば、新聞記事であれば、業界の重要な動向やM&A、対象会社や競合他社の取り組みなどを短時間で収集することができる。ビジネス誌や対象業界における業界専門紙、アナリストレポートなども重要な情報ソースになることが多い。

調査内容

ビジネスDDにおける仮説構築において必要となる対象事項につき、調査を行

う。対象会社が属する市場の潮流や動向、市場規模や成長見通し、当該業界のバリューチェーンの初期的理解や具体的な競合企業名、その中の対象会社の位置づけや強み／弱みなどがあげられる。

その中で、業界の先行事例を認識しておくことも大事である。業界の先行事例と対象会社の比較により、対象会社の優劣が見えてくる。必ずしも同業他社でなくとも、他業界の先行事例からのアナロジーが参考となることも多々ある。例えば、業界初のアフリカ進出の場合、他業界における同地域進出の成功・失敗事例を参考にする、などである。

もちろん、調査すべき内容は画一的に決まったものではない。ビジネスDD実施者が有する経験や業界知識に鑑み、仮説構築に必要となる事項を適切に設定し、外部ソースも活用しながら最小限の時間と手間で実施するのがよい。

なお、本格的な調査は、ビジネスDDの中で行われることを再度、認識しておきたい。仮説構築前のクイック調査の段階では、初期的な概要の把握にとどめ、深掘り調査はあえて避ける。時間と手間をかけることで情報はとれるが、論点が明確でない段階での調査は闇雲になる可能性もあり、あくまでも仮説構築を目的とした予備的情報ということを常に念頭に置きたい（論点設定の重要性については、後段で述べたい）。

②事業構造の整理
事業構造マップの作成

対象会社の事業について、当該製品・サービスの顧客に対して何を、どのように提供しているか図で整理したものである。本書では、縦軸に商品やサービスの種別、横軸に当該製品・サービスの開発から顧客に提供されるまでの付加価値の流れ（バリューチェーン）を示した。**図表4-6**が事業構造マップの一例である。対象会社や仕入先、販売先、外注先等の整理により、対象会社の事業構造を知ることができる。

事業構造マップの目的

事業構造マップ作成の主な目的は、重要な論点を抑えることにある。前段で実施したクイック調査の情報をもとにして、業界全体や対象会社の位置づけを俯瞰的に把握することで、業界ポジショニングの観点から論点を検討することができる。図表4-6では、合成繊維事業の仕入から販売までの流れを示したものであ

る。

　本ケースで、対象会社は製造工程の中でも紡糸工程までをその事業領域としている。対象会社のポジションから、対象会社は、最終製品を販売するスポーツ用品メーカーや自動車メーカーの最終市場・販売動向を把握していない可能性を推察できる。本来、最終用途市場がより上流の業界に影響を及ぼすのはいうまでもないが、対象会社は自社事業領域の中でのみ事業判断をしている可能性が想定される。このように、業界全体の俯瞰を通じて、対象会社の課題も浮き彫りになってくる。

　逆に、対象会社の事業構造を十分に把握することなくビジネスDDを進めれば、論点設定があいまいとなるのみならず、精度の高い仮説構築は決して期待できない。業界によっては、ここで例示したようなバリューチェーンでの整理に収まらない可能性もあるが、事業全体を俯瞰しうるような整理がDD検討の土台となる。試行錯誤をしながらもぜひとも試していただきたい。

③事業構造マップ作成の留意点

　事業構造マップの作成にあたっては、いくつかの点に留意しながら試行錯誤をしていただきたい。

図表4-6：合成繊維事業の事業構造マップ（例）

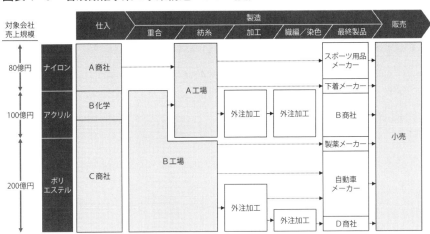

留意点①：対象会社の製品・サービス構成や取引構造を可視化する

図表4-6の例では、（A工場・B工場を運営する）対象会社は、C商社からの調達・仕入、および自動車メーカー、B商社、スポーツ用品メーカーへの売上依存度が高いことがわかる。

例えば、調達面に注目すると、その依存度の高さにより、C商社に対する価格交渉力を背景とした調達コストの低減というメリットが期待される反面、C商社供給力の異変によるサプライチェーン寸断リスクが想定される。また、自動車メーカー向けの製品でも、単一メーカーへの販売量の多さは、規模の効果[24]や経験曲線効果[25]などによる製造コスト低減のメリットが想定される反面、最終製品の市場急変により販売量の急落リスクも想定されうる。

このような初期的考察から、ビジネスDDの論点として、C商社は安定的な供給能力を有するか、自動車販売は安定的な成長が見込まれるか、などが考えられる。なお、ここでは対象会社の依存度の高さを例示したが、逆に多数の調達・販売先への低依存構造が確認されれば、それに応じたメリット・デメリットから、別の論点設定が導出されるはずである。

このように事業構造マップでの可視化には、対象会社の事業構造を視覚的に整理し、その取引関係を把握することで、ビジネスDDの重要な論点を導き出せる効果がある。

留意点②：仮説思考でブラッシュアップを繰り返して精緻化する

後述する仮説構築や検証の中で、事業構造マップも繰り返し更新していく。対象会社の事業構造や業界の取引関係図は、必ずしも容易に整理できない場合が多い。企業のビジネスは複雑であり、適切なバリューチェーンや、対象会社の取引先およびその関係の整理、製品・サービスや取引先ごとの構成割合など、仮説・検証のサイクルを繰り返す中で明らかにされる。事業構造マップで大事なのは、論点を導出しうる整理ができているか、である。同じ業界であっても、調査対象の企業が異なれば、重要論点は異なるため、自ずとマップの整理の仕方も変わってくる。

図表4-6の例では、対象会社が合成繊維の製造を中心とした事業を担ってい

---

24 ここでは、生産規模の拡大により、製品単位ごとの固定費用負担額が薄まり、単位ごとの製造コストが低減する効果をいう。
25 製造累積量が増すほどに製造効率が高まり、製造コストが減少する効果をいう。習熟曲線効果ともいう。

ること、当該業界の製造過程の中でも重要な製造過程に細分化され、それを担う企業が異なることから、製造工程を細分化した。もし対象会社の事業が、製造以外の原料製造（仕入過程）、販売などであれば、それに応じたバリューチェーンの工夫をすべきである。したがって、バリューチェーンはMECE[26]である必要はあるが、網羅的に全過程を詳細化する必要はない。事業構造を可視化する目的は、「論点の抽出」であることを意識しながら、精緻化することが肝要だ。

④仮説の精緻化

初期仮説に固執しない

　予備的調査で収集した情報をもとに、重要論点の設定と初期仮説を構築する。限定的な情報から想定した仮説ゆえに、通常は、それに続く検証サイクルの中で仮説自体を精緻化していく。初期仮説構築後、本格的な調査・分析の中で、新たな視点の認識や重要論点の把握、逆に重要性の低い論点の捨象など、初期仮説に修正を加える必要がでてくる。

　初期仮説は最初から精度が高いのが理想ではあるが、仮説を構築する者の経験値や業界知見、予備的調査の成果などにより、仮説の精度はまちまちである。仮説は文字どおり、仮の説である。特に初期仮説は、繰り返し修正・更新をする過程を経て、より確からしい説を構築していく性質のものと認識すべきである。初期仮説に固執することなく、柔軟に変更を加えながら、より精度が高い仮説に磨き込んでいくことが大事だ。

まずは多角的な視点から幅広に論点を抽出する

　初期仮説構築の段階では、対象会社の事業にまつわる多角的な視点から幅広に論点を抽出することが肝要だ。特に、仮説構築に不慣れな場合や対象業界や企業への知見が十分でない場合など、重要論点の抜けや漏れを防ぐため、まずは網羅的に論点整理をすることが望ましい。

　例えば、外部環境や内部環境、リスク発見視点やシナジー創造視点など多面的に、対象会社の事業を俯瞰すると良い。網羅的に論点抽出ができれば、その後の調査・分析や業界専門家の意見も参考にしながら、重要性の高い論点に絞り込んでいく。**図表4-7**は、網羅的に論点整理を試みた一例である。上述した視点を

26　MECE：ミーシーと呼ぶ。Mutually、Exclusive、Collectively、Exhaustiveの略である。それぞれが重複することなく、全体集合としてモレがないことをいう。

図表4-7：ビジネスデューデリジェンスの論点（キーワード）抽出例

レビューの目的 ＼ 事業構造レビュー領域	(1)マクロ環境	(2)市場動向	(3)競争環境	(4)開発(創る) 基礎開発	製品開発	(4)生産(作る) 仕入	生産	物流	(4)販売(売る) チャネル	販売	フォロー	(4)関係会社パートナー	(5)情報システム	(5)組織文化人事	(5)経営管理	(5)経営者従業員
1.事業リスク(瑕疵事項)の洗い出し	・規制 ・需要の変動	・新規参入 ・外資参入 ・係争	・新技術 ・特許 ・特許報酬 ・技術流出 ・特定技術への依存		・原料価格		・外注先のリスク ・環境リスク ・資産の減損			・顧客の固定化 ・リベート ・与信リスク		・飛ばし ・Alone コスト ・事業の安定性	・陳腐化 ・セキュリティ	・士気 ・仲たがい ・理念・ビジョン	・不正 ・粉飾	・人材流出 ・労組関係
2-1.事業自体の有望性評価		・需要の規模/伸び	・参入障壁 ・競合の量と質	・莫大な研究・開発コストの必要性						・莫大な将来設備の必要性						
2-2-1.コスト優位性（2-2.相対的有望性の評価）						・仕入交渉力	・QCD ・生産能力 ・外注交渉力	・物流交渉力				・親会社とのシナジー ・グループキャッシュマネジメント	・システム効率	・人件費構造	・売掛買掛棚卸資産管理	・従業員スペック
2-2-2.差別化優位性			←―――――バリューチェーンの有機性―――――→	・技術力 ・製品企画力						・販売力 ・ブランド力					・DNA	・スター人材
3.収益改善ポテンシャルの洗い出し	・市場の選定	・提携		・開発陣容強化		・交渉・仕入先絞込み	・BPR ・工場集約化 ・製品絞込み ・固定費削減	・交渉・物流先絞込み		・販売費削減 ・顧客絞込み		・整理・売却	・システムによる効率化	・人員適正化 ・成果主義導入	・管理コストの削減	・育成

掛け合わせることで、論点となりうるキーワードを整理している。なお、本整理の過程では、プロジェクトメンバーの中でブレーンストーミングやディスカッションを重ねており、メンバーの発想や意見を短時間で集約しながら、効率的に論点抽出と絞り込みを行った。

　ここまで、ビジネスDDの計画策定および準備について詳説した。本章で取り上げた5つのステップを踏まえて、**図表4-8**に示すようなコントロールシートにまとめておくことが望ましい。本シートには、5つのステップで検討された調査範囲やマイルストーン設定、実施体制、初期仮説などが含まれている。本準備段階で検討した結果をビジネスDDの関係者と共有し、円滑に本格フェーズに導入していくのに役立つ。

　本シートの体裁にこだわるものではないが、本事例のように準備段階の検討結果をわかりやすく可視化しておくことが肝要だ。

図表4-8：コントロールシート（例）

コントロールシート

プロジェクト名	プロジェクトX		対象会社名	A社
分析対象（レベル）	合成繊維部門（レベル3）		プロジェクトマネジャー	B氏
作成者氏名	D氏	初回作成日 20XX/　　/	アップデート日	20XX/　　/

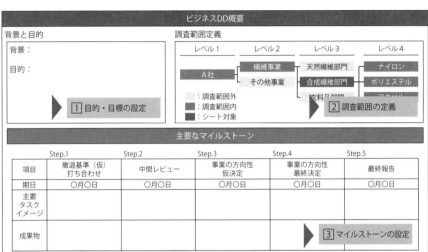

ビジネスDD概要

背景と目的

背景：

目的：

[1] 目的・目標の設定

調査範囲定義

	レベル1	レベル2	レベル3	レベル4
	A社	繊維事業	天然繊維部門	ナイロン
		その他事業	合成繊維部門	ポリエステル
			衣料品部門	アクリル

- ：調査範囲外
- ：調査範囲内
- ：シート対象

[2] 調査範囲の定義

主要なマイルストーン

項目	Step.1 撤退基準（仮）打ち合わせ	Step.2 中間レビュー	Step.3 事業の方向性 仮決定	Step.4 事業の方向性 最終決定	Step.5 最終報告
期日	○月○日	○月○日	○月○日	○月○日	○月○日
主要タスクイメージ					
成果物					

[3] マイルストーンの設定

作業環境構築

- ディール関係者パーティリスト作成
- DDに必要なインフラ（部屋、ネットワーク等）の手配依頼
- 買い手側アドバイザー間の調整
- 情報伝達経路の定義、対象会社の了解取得

体制構築

名前（*）	所属	本ビジネスDDにおける位置づけ・役割	Repot To	関与度合い
A氏	当社	ディール責任者		
B氏	当社	DD統括プロジェクトマネージャー	A氏	60%
C氏	当社	利害関係調整窓口（ビジネスDD共通事務局）	B氏	33%
D氏	当社	合成繊維部門分析主任	B氏	100%
E氏	外部アドバイザー	（ビジネスDD委託先）プロジェクトマネージャー	（B氏）	100%
F氏	外部アドバイザー	合成繊維部門分析担当者	E氏	100%
G氏	外部アドバイザー	修正事業計画作成担当者	E氏	100%
H氏	業界OB	繊維業界知見者	（E氏）	50%

外部ステークホルダー	位置づけ	ディールにおける役割・影響力
Z社	対象会社大株主	
A銀行	対象会社メイン行	
B銀行	対象会社準メイン行	

[4] 実施体制の構築

主要論点および仮説検証

主な論点	当初仮説（現時点での結論）	検証手法

[5] 仮説構築

3 ビジネスDDと一般的な調査分析との相違点

本書の最後に、ビジネスDDと一般的な調査分析との違いについて述べたい。単なる調査分析の作業とは異なるビジネスDDに対しては、主に3つの点で、その重要性の高さを認識すべきである。

- ●買い手内部のコンセンサス
- ●複雑な利害関係の存在
- ●現場部局の早期巻き込み

（1）買い手内部のコンセンサス

M&A取引は、買い手の意図や目的をもって始まり、売り手や対象会社の同意のうえで開始される。しかしながら、意思決定権を有する買い手の経営幹部の間では、当該意図や目的が明確に共有されているとは限らない。また、本件関与の度合いや立場の違いから、その認識に温度差が生じている場合もある。ビジネスDDは最終的な投資意思決定に資する示唆を出すことが目的であるが、意思決定に必要な判断材料は主観的でもある。したがって、関係者それぞれが重要視する判断材料にも違いが出てくるということだ。

この点、一般的な調査分析は、情報収集と整理が目的である場合が多く、本質的にビジネスDDとは一線を画す。買い手の経営幹部間で認識齟齬があるままでは、ビジネスDDの調査範囲や投入リソース、スケジュールなど、重要な意思決定において足並みが揃わず、期待される成果も出すことができない。このような事態を未然に防ぐべく、ビジネスDD開始時には経営幹部間で目的や目標をすり合わせ、認識を共通化しておくことが極めて重要である。また、それら共通認識はきちんと言語化して、いつでも再確認ができる状態にしておくことも大事だ。

（2）複雑な利害関係の存在

一般的な調査分析とは異なり、ビジネスDDには、M&A取引の中で多数の複雑な利害関係者が存在し、円滑な連携が求められる。買い手、対象会社とも、当該M&A取引に関与する経営幹部メンバーを中心に、社内でも経営企画部やリスク管理を管掌する部門、事業部や財務部、経理部、法務部などなど多数のステーク

ホルダーが関与する。また、決裁プロセスでは取締役や株主、外部の金融機関なども意識する必要がある。さらに、外部アドバイザーを起用すれば、M&A案件推進の全体アドバイザーであるFA（Financial Advisor）やビジネスDDのみならず、財務DD、税務DD、法務DDなどの複数のチームも関与する。これら関与者は、それぞれに立場も視点も異なり、代表する利害も一致しないことが通常である。ビジネスDDにおいては、これら関与者の異なる利害や思惑をコントロールする必要がある。

　なお、複雑な利害関係の中では、ビジネスDDを主導するプロジェクトマネージャー（プロマネ）の重要性が高い。プロマネ（特に、会計ファームやコンサルティング会社など第三者が買い手側のDD実施者として参画する場合、その現場統括者をプロマネと呼ぶことが多い）は、ビジネスDDの準備段階から最終報告までを段取り、プロジェクトを成功に導く中心的な役割を果たす。上述したステークホルダーとの連携のみならず、チーム内部のメンバー指名やタスク配分などの役割も重要だ。プロジェクト規模にかかわらず、ビジネスDDを円滑に進めるために重要な役回りを演じるのがプロマネである。

　なお、同業同士によるM&Aの場合、買い手と対象会社の対抗意識が強く、慎重なコミュニケーションが求められる。このようなケースでは特に、専門のM&Aアドバイザーの活用が有効だ。第三者の客観的な立場から、両社状況を俯瞰しながら関係者間の折衝や連携を促進し、繊細で複雑な状況を打破しながら、M&Aディールの成功に導いてくれるだろう。

（3）現場部局の早期巻き込み

　M&Aにおいては案件のクロージング後、間髪を入れずにポストM&Aのフェーズが開始する点において、ビジネスDDは一般的な調査とは異なる。一般的な調査は、そのものが企業価値向上の施策に直結することは多くなく、調査対象の事象を「知る」ことが目的であることも多いからだ。すでに概説したとおり、ポストM&AはビジネスDDの段階からすでに始まっている。

　ポストM&Aをスムーズに進めるためには、買い手の現場部局[27]をビジネスDD

27　買い手側のM&Aの管轄は、M&Aが完了するまでは、経営企画部や社長室であることが多い。M&Aの完了後は、関連する事業部や販売・製造等の現場部局が責任者となり、対象会社との事業統合作業や連携を行うことが一般的である。ここでいう現場部局とは、関連事業部や販売・製造等の現場の部署やそのメンバーを指す。

の早期の段階から巻き込んでおくことが望ましい。ポストM&Aの段階で「なぜこの会社を買収することになったのか。他社のほうがよりシナジーを期待できるのに。一体、どのような意思決定だったのか」などと現場部局から疑問を呈される状態は避けなければならない。なぜなら、シナジー創出の担い手は現場部局だからだ。

　機微性が高いM&Aでは、現場部局との情報共有が意思決定の後になされることもままあるが、ポストM&Aの重要性に鑑みて、現場部局の早期からの関与が理想である（同業同士のM&Aにおいて、ガンジャンピング規制が懸念される場合があるが、この議論は別に譲る）。現場部局メンバーの早期参画により、買収後の施策実行への責任感も醸成され、ポストM&Aにおける実行力の源泉となる。シナジー検討の段階では、実現可能性が高いアクションプランの構築を可能とする。ビジネスDDへ関与する現場部局メンバーの選定も慎重に行う必要があるが、ぜひともポストM&Aを意識した体制構築に努めたいところだ。

　ビジネスDDの全体像と設計に関する基本的な解説は以上となる。以降のシリーズでは、本書にて概説した各論点の具体的な実施内容・留意点を、実務に照らしながら個別編として解説している。

　ぜひ関心に応じて手に取っていただき、ビジネスDDの根幹／本質から実務まで理解を深めていただきたい。

◇編者紹介◇

PwCアドバイザリー合同会社

PwCアドバイザリー合同会社は、戦略、財務、M&A・再生の高い専門性をもって、クライアントのビジョン実現のために、環境・社会貢献と事業成長の両立を経営の側面から支援しています。PwCグローバルネットワークと連携しながら、クライアントが社会における信頼を構築し、持続的な成長を実現できるよう、最適かつ高い業務品質のサービスを提供します。

PwC Japanグループ

PwC Japanグループは、日本におけるPwCグローバルネットワークのメンバーファームおよびそれらの関連会社の総称です。各法人は独立した別法人として事業を行っています。複雑化・多様化する企業の経営課題に対し、PwC Japanグループでは、監査およびアシュアランス、コンサルティング、ディールアドバイザリー、税務、そして法務における卓越した専門性を結集し、それらを有機的に協働させる体制を整えています。また、公認会計士、税理士、弁護士、その他専門スタッフ約11,500人（2023年10月時点）を擁するプロフェッショナル・サービス・ネットワークとして、クライアントニーズにより的確に対応したサービスの提供に努めています。

PwCグローバルネットワーク

PwCは、社会における信頼を構築し、重要な課題を解決することをPurpose（存在意義）としています。私たちは、世界151カ国に及ぶグローバルネットワークに約364,000人（2023年10月時点）のスタッフを擁し、高品質な監査、税務、アドバイザリーサービスを提供しています。

■執筆協力者

及川　雅信

平井　涼真

M&A Booklet

BDDを知る ビジネスDDの全体像と設計
ビジネス・デューデリジェンス個別編Ⅰ

2024年6月25日　第1版第1刷発行

編　者　PwCアドバイザリー合同会社
発行者　山　本　　　継
発行所　㈱中　央　経　済　社
発売元　㈱中央経済グループ
　　　　パ ブ リ ッ シ ン グ

〒101-0051　東京都千代田区神田神保町1-35
電話　03 (3293) 3371 (編集代表)
　　　03 (3293) 3381 (営業代表)
https://www.chuokeizai.co.jp
印刷・製本　文唱堂印刷㈱

© 2024
Printed in Japan